Eberhard Birk

„Auf Euch ruht das Heil meines theuern Württemberg!"

Das Gefecht bei Tauberbischofsheim am 24. Juli 1866 im Spiegel der württembergischen Heeresgeschichte des 19. Jahrhunderts

Eberhard Birk

„Auf Euch ruht das Heil meines theuern Württemberg!"

Das Gefecht bei Tauberbischofsheim am 24. Juli 1866 im Spiegel der württembergischen Heeresgeschichte des 19. Jahrhunderts

2016

Carola Hartmann Miles-Verlag

Bibliografische Information der Deutschen Nationalbibliothek

Die Deutsche Nationalbibliothek verzeichnet diese Publikation in der Deutschen Nationalbibliografie; detaillierte bibliografische Daten sind im Internet über www.dnb.de abrufbar.

© 2016 Carola Hartmann Miles-Verlag
www.miles-verlag.jimdo.com
email: miles-verlag@t-online.de

Umschlagbild: Landesarchiv Baden-Württemberg, Abt. Hauptstaatsarchiv Stuttgart, M 703 R304N14

Alle Rechte, insbesondere das Recht der Vervielfältigung und Verbreitung sowie der Übersetzung, vorbehalten. Kein Teil des Werkes darf in irgendeiner Form (durch Fotokopie, Mikrofilm oder ein anderes Verfahren) ohne schriftliche Genehmigung des Verlages reproduziert oder unter Verwendung elektronischer Systeme gespeichert, verarbeitet, vervielfältigt oder verbreitet werden.

Herstellung: Books on Demand, Norderstedt

Printed in Germany

ISBN 978-3-945861-31-8

Inhaltsverzeichnis

	Vorwort	7
I.	Hinführung	9
II.	Der Deutsche Bund, seine Kriegsverfassung und sein Bundesheer	18
III.	Das Königreich Württemberg, seine Armee und ihre Rolle im Militärwesen des Deutschen Bundes	29
IV.	Das „Kriegsbild" am Vorabend des „deutschen Bruderkrieges"	46
V.	Politische und strategische Voraussetzungen des Krieges von 1866	51
VI.	Der Feldzug von 1866 in Süddeutschland	60
VII.	Das Gefecht bei Tauberbischofsheim am 24. Juli 1866	70
VIII.	Militärische und politische Rezeption des Gefechts	95
	Epilog	105
IX.	Fazit	108

Anhang:

Totengedenken. Versuch einer orts- und heimatgeschichtlichen Annäherung	114
Gliederungen, Skizzen und Fotos	124
Autor	130

Vorwort

Als Militärgeschichtslehrer bei der Bundeswehr – oder wie in meinem Falle an der Offizierschule der Luftwaffe (OSLw) – gilt es bei relativ engem Stundendeputat die Grundlinien der deutschen Militärgeschichte zu behandeln. Die hierfür notwendige, vorschriftenkonforme Schwerpunktbildung auf die preußisch-deutsche Streitkräfteentwicklung mit ihren mannigfaltigsten Verschränkungen macht es (leider) notwendig, vielfach interessante(re) Nischen unberücksichtigt als großflächige Lücke zurückzulassen.

Dies gilt in der Regel für die „deutsche" Militärgeschichte des Heiligen Römischen Reiches Deutscher Nation und seine Territorien, aber auch für die Streitkräfte des Deutschen Bundes von 1815 bis 1866. Um jedoch die Gesamtheit „deutscher" Militärgeschichte zur Zeit des Deutschen Bundes in ihren unterschiedlichen Facetten zu erfassen, sind genauso jene nicht-preußischen „regionalen" Militärgeschichten in den Blick zu nehmen, um zu verdeutlichen, dass das dominante „Preußische" nur *ein*, wenn auch der dominante Weg auf den Etappen deutscher Militärgeschichte war, dem mehrere alternative Entwicklungen zur Seite standen – zumindest bis 1866.

Im deutsch-deutschen „Bruderkrieg" von 1866, der im Kern ein Krieg Preußens gegen den Deutschen Bund war, ging es um die von Preußen angestrebte gewaltsame Lösung des preußisch-österreichischen Dualismus. Der „Deutsche Bruderkrieg" wurde als machtpolitische Auseinandersetzung zwischen den beiden Hegemonialmächten des 1815 konstituierten Deutschen Bundes in der später dominanten „borussischen" Militärgeschichtsschreibung seit jeher verkürzt auf den Feldzug der Preußen gegen das Kaiserreich der Habsburger.

Ihr zufolge kulminierte am 3. Juli 1866 die Überlegenheit des preußischen Militärwesens – Eisenbahn, Telegrafie, Dreyse-Gewehr, allgemeine Wehrpflicht, Auftragstaktik – unter der Leitung des Generalstabschefs Helmuth von Moltke in der den Krieg entscheidenden Schlacht bei Königgrätz. Selbst wenn eine derartige „Meistererzählung" die den Krieg vorbereitende Diplomatie Bismarcks und die Führungsperspektive der österreichischen Armee in die Gesamtbetrachtung mit einbezieht, so wird dabei in der Regel verdrängt, dass der Krieg von 1866 nicht alleine in Böhmen stattfand, sondern zusätzlich – neben dem italienischen Schauplatz – auch einen zweiten, meist übergangenen großen Operationsraum in Süddeutschland besaß. Hier standen der offensiv agierenden preußischen Mainarmee zwei süddeutsche Korps – das VII. (bayerische) und das gemischte VIII. Korps – des Bundesheeres gegenüber.

Ein Truppenteil dieses VIII. Korps war die württembergische Division. Da aber die Betrachtung und Analyse von (württembergischen) Truppen in einem Feldzug nur ein Teilbild ergeben, habe ich mich entschlossen, die württembergische Militärgeschichte des halben Jahrhunderts zuvor miteinzubeziehen – und dies in Anlehnung an die Geschichte des Bundesheeres. Die vorliegende Studie behandelt folglich die württembergische Armee zur Zeit ihrer Existenz als Bestandteil der Streitkräfteformation des Deutschen Bundes bis zum „Bruderkrieg von 1866", der die württembergische Division am Ende des Operationsverlaufs in das Gefecht bei Tauberbischofsheim am 24. Juli 1866 führte.

Die Idee, dieses Gefecht als Endpunkt „souveräner" württembergischer Armeegeschichte zu bearbeiten, geht zurück auf zwei Begebenheiten: erstens ist es offensichtlich, dass die (nicht nur wissenschaftliche) Auseinandersetzung und Beschäftigung anlässlich eines runden Jahrestages wie dem 150. des Gefechts bei Tauberbischofsheim für einen Militärgeschichtslehrer, der aus Württemberg stammt, geradezu „patriotische Pflicht" ist; zweitens ist ein Soldat aus meiner Heimatstadt Löwenstein – Emil A. Hirt vom 1. Kgl. Württembergischen Jägerbataillon – unter den Gefallenen des württembergischen Heeres gewesen und auf dem Kriegerdenkmal in Tauberbischofsheim „verewigt" worden. Ihm und den neben ihm gefallenen württembergischen Soldaten sei dieses Büchlein posthum gewidmet.

Zu danken habe ich dem Carola Hartmann Miles Verlag für die bewährte und gewohnt umsichtige Begleitung auch dieses „gemeinsamen" Buchprojektes.

„Auf Euch ruht das Heil meines theuern Württemberg!"
Das Gefecht bei Tauberbischofsheim am 24. Juli 1866 im Spiegel der württembergischen Heeresgeschichte des 19. Jahrhunderts

I. Hinführung

Nach dem Tod von König Wilhelm I. von Württemberg (1781-1864), der am 25. Juni 1864 nach 48jähriger Regierungszeit im 83. Lebensjahr auf seinem Landhaus Rosenstein bei Cannstatt starb, folgte ihm sein Sohn als König Karl von Württemberg (1823-1891) auf den Thron.[1] Bereits am folgenden Tag richtete sich dieser in Stuttgart an seine Soldaten mit den Worten:

„Offiziere, Unteroffiziere und Soldaten!

Nachdem Ihr den Eid der Treue geleistet, ist es Mir ein Bedürfnis, meine Gesinnungen gegen Euch auszusprechen! Mein verklärter Vater war Euch ein erprobter Führer und Feldherr, und Ihr seid zu allen Zeiten treu bei ihm gestanden. Mir war es noch nicht vergönnt, an Eurer Seite Mich als Soldat zu bewähren; gleichwohl weiß Ich, daß Ich Eures Vertrauens und Eurer vollen Hingebung Mich versichert halten darf. Ich erachte es als eine ernste Regentenpflicht, Euer Wohl zu fördern, und Ich werde, was an Mir ist, dazu beitragen, daß die kriegerische Tüchtigkeit, durch welche sich die württembergischen Truppen, wo es galt, ausgezeichnet haben, und welche jederzeit Euer Stolz sein wird, Mir und dem geliebten Vaterlande erhalten bleibe.

Offiziere, Unteroffiziere und Soldaten!

Haltet fest am echten Kriegergeiste und vergesset nie, daß Ihr den wohlerworbenen Ruhm der württembergischen Waffen mit Mir zu schützen und zu bewahren habt."[2]

---

[1] Zur Biographie vgl. Paul Sauer, Regent mit mildem Zepter. König Karl von Württemberg, Stuttgart 1999.
[2] Zit. nach: Geschichte des 4. Württembergischen Infanterie-Regiments No. 122 „Kaiser Franz Joseph von Oesterreich, König von Ungarn". 1806-1906. Auf Befehl

Unter den Adressaten dieser königlichen Grußadresse von 1864 war kaum einer, der sich durch „kriegerische Tüchtigkeit" ausgezeichnet hatte. Ein halbes „Friedensjahrhundert" bot der württembergischen Armee auch gar keine „Chance" dazu. Die Rückführung aller Truppenfahnen aus dem Russlandfeldzug des Jahres 1812 schien die letzte „Heldentat" königlich württembergischer Soldaten gewesen zu sein[3], will doch der „rechtzeitige" Seitenwechsel der württembergischen Truppen unter dem Kommando von Generalmajor Karl Graf von Normann-Ehrenfels (1784-1822) während der „Völkerschlacht" bei Leipzig am 18. Oktober 1813 kaum als solche gelten.[4] Auf jeden Fall war die folgende Zeit bis zum Ende realer Selbstständigkeit im Jahre 1866 keine, die von „wohlerworbenem Ruhm" oder dem „echten Kriegergeiste" in einem „Ruhmesblatt" württembergischer Heeres- resp. Militärgeschichte hätte künden können.[5]

---

des Königlichen Regiments bearbeitet von Herbert Müller, Leutnant und Bataillons-Adjutant im Regiment, Heilbronn 1906, S. 118.
[3] Vgl. Herbert Hahn, Feldzeichen des Königlich Württembergischen Heeres, Handbuch der Fahnen und Standarten 1806 bis 1918, Stuttgart 1985, S. 30 sowie generell Heinz Kraft, Die Württemberger in den napoleonischen Kriegen, Tübingen 1953. Die Rückführung bei allen Strapazen wurde dadurch begünstigt, dass das Tuch von den Stangen getrennt wurde. Die um die Leiber gewickelten Fahnen waren so auch ein Witterungsschutz.
[4] Vgl. R. Starkloff, Geschichte des Königlich Württembergischen vierten Reiterregiments Königin Olga 1805-1866. Mit besonderer Berücksichtigung der Brigade Normann im Feldzuge von 1813, Stuttgart 1867.
[5] Zur württembergischen Militärgeschichte im 19. Jahrhundert vgl. Paul Sauer, Das württembergische Heer in der Zeit des Deutschen und Norddeutschen Bundes (= Veröffentlichungen der Kommission für geschichtliche Landeskunde in Baden-Württemberg, Reihe B: Forschungen, 5. Band), Stuttgart 1958 (diese Arbeit ist m.E. selbst nach so langer Zeit unübertroffen!) und ders., Revolution und Volksbewaffnung. Die württembergischen Bürgerwehren im 19. Jahrhundert, vor allem während der Revolution von 1848/49, Ulm 1976 oder Hans-Joachim Harder, Militärgeschichtliches Handbuch Baden-Württemberg, Stuttgart u.a. 1987; hervorzuheben für einen kursorischen Überblick über die Gesamtheit der landes- und „haus"-spezifischen Militärgeschichte ist auch Günther Cordes, Das Haus Württemberg und die Militärgeschichte des Landes, in: Robert Uhland (Hg.), 900 Jahre Haus Württemberg, Stuttgart 1984, S. 689-702. Einen Überblick über Uniformen, zusammen mit eher formationsgeschichtlichem Charakter, bietet Herbert Hahn, Das Königlich-Württembergische Heer. 1806-1871, herausgegeben im Auftrag der

Was sich aus der Perspektive des zwei Jahre später verlorenen Gefechts bei Tauberbischofsheim daher wie ein verfrühter Nekrolog auf die württembergische Militärgeschichte liest, war vom neuen König indes als echte Würdigung gedacht. Schließlich galt sein Vater, der als „Schwäbischer Leonidas" und einziger Fürst im anti-napoleonischen Feldzug von 1814 seine Truppen selbst geführt hatte, als beachtenswerter Feldherr[6]; darüber hinaus galten auch schon die Reformen des württembergischen Heeres unter Herzog, Kurfürst und König Friedrich (1754-1816) – der Großvater von Karl – geradezu als vorbildlich für das deutsche Heerwesen[7] und tatsächlich hatten die württembergi-

---

Deutschen Gesellschaft für Heereskunde e.V., Beckum 1994. Ältere, oft auch mit apologetischen Zügen versehene Studien sind: Leo Ignaz von Stadlinger, Geschichte des württembergischen Kriegswesens, Stuttgart 1856 und Karl von Seeger, Zweitausend Jahre schwäbisches Soldatentum, Stuttgart 1937 sowie (Oberstleutnant a.D.) Müller-Loebnitz, Die württembergische Armee, in: Karl Linnebach (Hg.), Deutsches Heerwesen, 2. Aufl. Hamburg 1943 (1935), S. 258-274. Über die letzte Phase württembergischer Militärgeschichte im Ersten Weltkrieg vgl., wenn auch aus der Hand resp. „Feder" eines Generals, die voluminöse und offiziöse Studie von Otto Moser, Die Württemberger im Weltkriege, Stuttgart 1927. Dagegen ist die Sozialgeschichte des württembergischen Militärwesens im 19. Jahrhundert mittlerweile – zumindest in ausgesuchten Zeiträumen – hinreichend gut erforscht. Für das Rekrutierungswesen vgl. Thomas Michael Schneider, Heeresergänzung und Sozialordnung. Dienstpflichtige, Einsteher und Freiwillige in Württemberg zur Zeit des Deutschen Bundes (= Europäische Hochschulschriften: Reihe III, Geschichte und ihre Hilfswissenschaften, Bd./Vol. 917), Frankfurt/M. u.a. 2002 für die Zeit des Deutschen Bundes sowie Daniel Kirn, Soldatenleben in Württemberg 1871-1914. Zur Sozialgeschichte des deutschen Militärs (= Krieg in der Geschichte, Bd. 46), Paderborn 2009 für die Zeit des Kaiserreiches.
[6] Vgl. Paul Sauer, Reformer auf dem Königsthron. Wilhelm I. von Württemberg, Stuttgart 1997, S. 66-84 und Otto-Heinrich Elias, König Wilhelm I. (1816-1864), in: Uhland (Hg.), 900 Jahre Haus Württemberg, S. 306-327, hier S. 309.
[7] Vgl. Paul Sauer, Die Neuorganisation des württembergischen Heerwesens unter Herzog, Kurfürst und König Friedrich (1797-1816), in: Zeitschrift für württembergische Landesgeschichte 26 (1967), S. 395-420 sowie für den „Gesamtstaat" Württemberg: Ina Ulrike Paul, Württemberg 1797-1816/19. Quellen und Studien zur Entstehung des modernen württembergischen Staates (= Quellen zu den Reformen in den Rheinbundstaaten, Bd. 7), 2 Bde., München 2005 und Sabine Koch, Kontinuität im Zeichen des Wandels. Verfassung und Finanzen in Württemberg um 1800 (= Veröffentlichungen der Kommission für geschichtliche Landeskunde in Baden-Württemberg, Rh.B: Forschungen, Bd. 202), Stuttgart 2015.

schen Truppen „furchtlos und trew" in früheren Zeiten des „Alten Reiches"[8] – als der Schwäbische Reichskreis selbst als Feldherr[9] „derjenige mit der am besten funktionierenden Heeresaufbringung"[10] war – nicht umsonst die „Reichssturmfahne" den Kämpfenden voran ins Gefecht getragen.[11] Bereits 1496 waren sie vom neuen Herzog Eberhard im Bart (1445-1496) im Wappen des Hauses Württemberg „verewigt" worden.[12]

Doch: die vergangenen „Höhepunkte"[13] der württembergischen Militärgeschichte waren 1864 schon längst passé. Die nachhaltige Erschütterung des „ewigen Friedens" innerhalb des Deutschen Bundes führte im „Entscheidungsjahr"[14] 1866 erstmals seit der napoleoni-

---

[8] Vgl. hierzu Karl Otmar von Arentin, Das Alte Reich, 4 Bde., Stuttgart 1993-2000.

[9] Vgl. dazu Peter-Christoph Storm, Der Schwäbische Kreis als Feldherr. Untersuchungen zur Wehrverfassung des Schwäbischen Reichskreises in der Zeit von 1648 bis 1732, Berlin 1974 sowie Reinhard Graf von Neipperg, Kaiser und Schwäbischer Kreis (1714-1733), Stuttgart 1991.

[10] Harder, Handbuch, S. 26.

[11] Vgl. Karl von Seeger, Reichsadler, Kreuzesfahne, Stauferlöwen und Württembergs Wappen und Fahnen, in: Zeitschrift für württembergische Landesgeschichte (1954), S. 326-335, hier S. 329.

[12] Vgl. Hahn, Feldzeichen, S. 14.

[13] Selbstverständlich ließe sich auch eine „Gegenrechnung" aufmachen, in der die – in der damaligen Zeit nicht (vollkommen) untypische – Verleihung von Subsidientruppen einen „prominenten" Platz einnehmen. Vgl. hierzu schon früh Friedrich Kapp, Der Soldatenhandel deutscher Fürsten nach Amerika, 2. Aufl. Berlin 1874 oder Stephan Huck, Soldaten gegen Nordamerika. Lebenswelten Braunschweiger Subsidientruppen im amerikanischen Unabhängigkeitskrieg (= Beiträge zur Militärgeschichte, Bd. 69), München 2011. Für Württemberg vgl. Johannes Prinz, Das Württembergische Kapregiment 1786-1808. Die Tragödie einer Söldnerschar, 2. Aufl. Stuttgart 1932 sowie Frederic Groß, Nur für den Profit? Der Subsidienvertrag von 1786 über die Aufstellung des „Kapregiments" zwischen Herzog Karl Eugen von Württemberg und der Niederländischen Ostindienkompanie, in: Portal Militärgeschichte, 11. September 2013, URL: http://portal-militaergeschichte.de/gross_kapregiment (letzter Zugriff: 16. März 2016).

[14] Vgl. noch immer Heinrich Friedjung, Der Kampf um die Vorherrschaft in Deutschland – 1859 bis 1866, 2 Bde, Stuttgart/Berlin 1916 und Wolfgang von Groote/Ursula von Gersdorff (Hg.), Entscheidung 1866. Der Krieg zwischen Österreich und Preußen, Stuttgart 1966.

schen Ära nicht nur zur Mobilmachung der gesamten Streitkräfte des Königreiches, sondern auch zu deren Einsatz im Krieg.

Das letzte Gefecht, das die kgl. Württembergische Armee dabei als eigenständiges Heer gegen Teile der preußischen Mainarmee am 24. Juli 1866 bei Tauberbischofsheim schlagen sollte, war dann aber eine wahrhaft unnütze. Denn bereits drei Wochen zuvor, am 3. Juli 1866, siegten die preußischen Truppen unter der Leitung ihres Generalstabchefs Helmuth von Moltke (1800-1891) in Nordböhmen bei Königgrätz über die österreichische Vielvölker-Armee nahezu restlos.[15] Mit der Niederlage der Österreicher, dem größten Truppensteller des Deutschen Bundes, verloren die mit dem Kaiserstaat verbündeten süddeutschen Fürstentümer nicht nur die „strategische Korsettstange"; diese Schlacht entschied definitiv den langen und latenten preußisch-österreichischen Dualismus.[16] Damit war der Deutsche Bund de facto tot. Die Preußen hatten Österreich aus der deutschen Geschichte sprichwörtlich „hinausgeschossen".

Spätestens seit „Königgrätz" – noch mehr dann aber nach dem deutsch-französischen Krieg von 1870/71 – begann der militärhistoriographische Siegeszug der Umdeutung preußischer Militärgeschichte in „deutsche" Militärgeschichte. Dabei war das „preußische Modell"

---

[15] Neben dem „Klassiker" von Gordon A. Craig, Königgrätz. 1866 – eine Schlacht macht Weltgeschichte, 4. Aufl. Wien 1997 sind zu empfehlen die Studien von Thorsten Loch / Lars Zacharias, Königgrätz 1866. Die Operationen zwischen dem 22. Juni und 3. Juli 1866, in: Österreichische Militärische Zeitschrift (ÖMZ) 48 (2010) 6, S. 707-715 und dies., Betrachtungen zur Operationsgeschichte einer Schlacht, in: ÖMZ 49 (2011) 4, S. 436-444 sowie dies., Die Militärhistorische Geländebegehung. Mittel der Historischen Bildung und Instrument der militärhistorischen Forschung, in: Eberhard Birk (Hg.), Militärgeschichte in der Bundeswehr (= Gneisenau Blätter 10), S. 39-47 und Eberhard Birk, Moltke und Königgrätz. Im Spannungsfeld von Militärischer Revolution und Revolution in Military Affairs (RMA), in: ÖMZ 48 (2010) 5, S. 608-616.

[16] Vgl. zuletzt Ulrich Schlie, Das Duell. Der Kampf zwischen Habsburg und Preußen um Deutschland, Berlin 2013 sowie – bezogen auf die Vorgeschichte von 1866 – Peter Popp, Deutscher Dualismus und Deutsche Frage im 18. und 19. Jahrhundert, in: Thorsten Loch / Lars Zacharias (Hg.), Wie die Siegessäule nach Berlin kam. Eine kleine Geschichte der Reichseinigungskriege 1864 bis 1871, Freiburg 2011, S. 17-24.

bis zum „deutschen Bruderkrieg" von 1866 letztlich nur eines – wenn auch perspektivisch das „wirkungsmächtigste" – unter den Dutzenden von regionalen Militärgeschichten Deutschlands gewesen, bevor es nach den „Reichseinigungskriegen" von 1864-1870/71 zum epochentypischen „deutschen" avancierte.

Der Schweizer Kulturhistoriker Jacob Burckhardt (1818-1897) prognostizierte bereits 1872, dass fortan „die ganze Weltgeschichte von Adam an siegesdeutsch angestrichen und auf 1870/1 orientiert sein wird".[17] Neben unzähligen an der machtpolitischen Realität gescheiterten Militär-Modellen der Mittel- und Kleinmächte des Deutschen Bundes wurde damit nicht nur für lange Zeit auch der württembergischen Militärgeschichte das wissenschaftliche Interesse entzogen – sämtliche nicht-preußischen Truppen des deutschen Staatenbundes bis 1866 wurden von der „borussischen" Militärgeschichtsschreibung zur Zeit des preußisch-deutschen Kaiserreiches[18] gar diskreditiert als „die alte Reichsarmee unseligen Angedenkens, ein Heer, das der künftigen Streitmacht einer Friedensliga zum Vorbild dienen könnte, welche die Kriege verhindern will, ohne das Schwert zu ziehen."[19]

Dass die „deutsche" Militärgeschichte damit über Jahrzehnte auf die „preußische" verengt wurde und dabei überdies den Fokus über Jahrzehnte auf operatives und taktisches Terrain legte, war und ist ein regelmäßiger Gemeinplatz der historiographischen Kritik. Eine mehr als nur graduelle Veränderung der wissenschaftlichen Betrachtungs-

---

[17] Jacob Burckhardt, Briefe. Vollständige und kritische Ausgabe. Mit Benützung des handschriftlichen Nachlasses bearbeitet von Max Burckhardt, Band V, Basel 1963, S. 184.

[18] Vgl. dazu Martin Raschke, Der politisierende Generalstab. Die friderizianischen Kriege in der amtlichen deutschen Militärgeschichtsschreibung 1890 bis 1914 (= Einzelschriften zur Militärgeschichte, Bd. 36), Freiburg 1993 und Sven Lange, Hans Delbrück und der ›Strategiestreit‹. Kriegführung und Kriegsgeschichte in der Kontroverse 1879 bis 1914 (= Einzelschriften zur Militärgeschichte, Bd. 40), Freiburg 1995 sowie Michael Salewski, Zur preußischen Militärgeschichtsschreibung im 19. Jahrhundert, in: MGFA (Hrsg.), Militärgeschichte in Deutschland und Österreich vom 18. Jahrhundert bis in die Gegenwart (= Vorträge zur Militärgeschichte, Bd. 6), Herford 1985, S. 47-69.

[19] Colmar Freiherr von der Goltz, Kriegsgeschichte Deutschlands im Neunzehnten Jahrhundert, Bd. 2, Berlin 1914, S. 13.

perspektive – durch eine politische sowie geradezu „moralische" Läuterung – setzte indes bereits nach 1945 ein durch die konzeptionelltheoretische Abkehr von der preußischen resp. deutschen National- bzw. Machtstaatszentrierung der Geschichtswissenschaft. Nach der doppelten „deutschen Katastrophe"[20] in der ersten Hälfte des 20. Jahrhunderts wurde von der Fachwissenschaft wieder der Reiz der „Nischen" in Form historischer „Alternativen" zum „preußisch-deutschen Sonderweg"[21] entdeckt. Dies betraf neben dem „wiederentdeckten" Heiligen Römischen Reich deutscher Nation[22] auch die Geschichte des Deutschen Bundes, dessen strukturelle Machtlosigkeit – anders als in den Jahrzehnten zuvor – als defensives, friedensbewahrendes Sicherheitssystem[23] sowie föderales Vorbild für die Bundesrepublik im Kleinen und Europa im Großen eine entgegengesetzte Überinterpretation erfuhr. Dem historisch-politischen Föderalismus zugeordnet war als Ableitung der militärische Föderalismus des Deutschen Bundes. Indes konnte dieser neuartige Versuch, regionalen Militärgeschichten ihr „Recht" auf Eigenständigkeit nicht losgelöst von den Entwicklungen der allgemeinen Geschichtswissenschaft in lediglich deskriptiver Art und Weise zurückgegeben werden.

Die politisch-kulturelle und auch wissenschaftliche Selbstbegrenzung nach dem „Traditionsbruch" 1945 verwies die an Militärgeschichte im Allgemeinen und militärischer Operationsführung sowie Schlachten interessierten deutschen Historiker im Besonderen zunächst meist in ein „akademisches Ghetto". Erst die „Renaissance der Militärgeschichte" vor 30 Jahren verlieh ihr wieder (auch universitäre) Reputa-

---

[20] Friedrich Meinecke, Die deutsche Katastrophe. Betrachtungen und Erinnerungen, Wiesbaden 1946.

[21] Zu den Diskussionen vgl. Bernd Faulenbach, Die Ideologie des deutschen Weges. Die deutsche Geschichte in der Historiographie zwischen Kaiserreich und Nationalsozialismus, München 1980; Karl Dietrich Bracher (Hg.), Deutscher Sonderweg - Mythos oder Realität? Kolloquien des Instituts für Zeitgeschichte, München 1982; Helga Grebing, Der „deutsche Sonderweg" in Europa 1806-1945. Eine Kritik, Stuttgart u.a. 1986.

[22] Karl Otmar von Aretin, Das Alte Reich. 1648-1806 (4 Bände), Stuttgart 1993-2000.

[23] Vgl. Theodor Schieder, Vom Deutschen Bund zum Deutschen Reich (= Handbuch der Deutschen Geschichte, Bd. 15), München 1975.

tion, freilich in „neuen Gewändern" – verbunden mit überwiegend sozial-, gesellschafts-, wirtschafts- oder genderwissenschaftlichen Fragestellungen der allgemeinen Geschichtswissenschaft und deren vielfältigen Facetten und Methoden.[24]

Parallel dazu erfolgte als ein zweiter (oder besser: zentraler) „kultureller" Paradigmenwechsel der „spatial turn"[25] mit dem historiographischen – indes auch Kritik unterliegenden[26] – Bemühen, chronologisch-zeitliche Ereignisabfolgen in weitergefassten alten (geo- und topographisch) sowie neuen (historisch-kulturellen und mentalsozialen) „Räumen" zu vermessen. Diesen wird gegenwärtig, insbesondere auch vor dem Hintergrund der kritisch hinterfragten und dechiffrierten (De-) Konstruktion von in ihren thematischen Zugängen geradezu auswuchernden „Erinnerungsräumen", ein geradezu dominanter Stellenwert zugeschrieben. Auch die Militärhistoriographie zeichnete durch die Aufarbeitung dieser zahlreichen Desiderata auf diesem Terrain so sukzessive ein facettenreicheres Bild des Militärischen in seiner Vergangenheit; gelegentlich entsteht bei diesem Unterfangen aber auch der Eindruck, dass viele dieser „Forschungsdesigns" begründet sind in der Scheu, sich in das genuin Militärische hineinzudenken.

Bei der Zugrundelegung der Maximen „moderner Militärgeschichte"[27], die sich in einem Spannungsfeld von internationalen Beziehun-

---

[24] Vgl. hierzu die Darstellungen und Literaturangaben bei Bernhard R. Kroener, Militär, Staat und Gesellschaft im 20. Jahrhundert 1890-1990 (= Enzyklopädie deutscher Geschichte, Bd. 87) München 2011 und ders., Kriegswesen, Herrschaft und Gesellschaft. 1300–1800 (= Enzyklopädie deutscher Geschichte, Bd. 92), München 2013.

[25] Vgl. statt vieler Jörg Döring / Tristan Thielmann (Hg.), Spatial Turn. Das Raumparadigma in den Kultur- und Sozialwissenschaften, Bielefeld 2008.

[26] Vgl. Roland Lippune / Julia Lossau, In der Raumfalle. Eine Kritik des spatial turn in den Sozialwissenschaften, in: Georg Mein / Markus Rieger-Ladich (Hg.), Soziale Räume und kulturelle Praktiken. Über den strategischen Gebrauch von Medien, Bielefeld 2004, S. 47-64.

[27] Die wissenschaftlichen Publikationen zur „modernen Militärgeschichte" sind mittlerweile tatsächlich „Legion". Aus der zunehmend unüberschaubaren Literatur sei an dieser Stelle hingewiesen auf das mit zahlreichen weiterführenden Literaturangaben versehene, von Thomas Kühne und Benjamin Ziemann herausgegebene

gen und staatlicher Machtpolitik, Gesellschaft und (Rüstungs-) Wirtschaft, der sozialen Zusammensetzung des Militärs und dessen Wirkung und Wahrnehmung in einem „kulturellen Raum" bewegt, sind neben diesen Faktoren für die Bewertung strategischer und operativer Planung, die letztlich den Rahmen für die taktische Ebene der Führung im Gefecht – hier: das Gefecht bei Tauberbischofsheim am 24. Juli 1866 – bild(et)en, gleichwohl militärische Denkschemata und Handlungsmuster zu beachten.[28]

Es ist indes bereits an dieser Stelle darauf hinzuweisen, dass für die hier vorgenommene thesengeleitete und zielgerichtete Argumentation eine im Rahmen einer größeren Monographie freilich unerlässliche detaillierter Untersuchung mit allen ihren zu differenzierenden Verästelungen nicht beabsichtigt ist.[29] Zu berücksichtigen ist dabei auch, dass ein „Mittelstaat" wie das Königreich Württemberg selbstverständlich im Vergleich mit den dominierenden Großmächten Österreich und Preußen im Deutschen Bund nicht mit deren Ambitionen und Möglichkeiten gemessen werden kann.

Eine Studie mit einem operationsgeschichtlichen „Ziel" bedarf folglich, um nicht Gefahr zu laufen, in eine früher übliche „Schlachtenmalerei" zu verfallen, genau jener Rückbindung an die politischen,

---

Werk: Was ist Militärgeschichte?, Paderborn 2000 und Jutta Nowosadtko, Krieg, Gewalt und Ordnung. Einführung in die Militärgeschichte, Tübingen 2002 sowie für die zu behandelnde Epoche im Überblick: Ralf Pröve, Militär, Staat und Gesellschaft im 19. Jahrhundert (= Enzyklopädie Deutscher Geschichte, Bd. 77), München 2006.

[28] Hierbei ist auch darauf hinzuweisen, dass es keine Studie über die Einsätze resp. operative Planung der württembergischen Armee gibt, auch wenn die Lektüre vieler Schilderungen von Kriegen, Feldzügen und Schlachten beim Königl. württemb. Oberlieutenant Albert Pfister, Denkwürdigkeiten aus der württembergischen Kriegsgeschichte des 18. und 19. Jahrhunderts im Anschluß an die Geschichte des 8. Infanterieregiments, Stuttgart 1868 durchaus gewinnbringend ist. Für den Verlauf und die Beschreibung des Gefechts bei Tauberbischofsheim ist es m.E. sogar die exakteste und dichteste Darstellung, wohl auch, weil er als Angehöriger des 8. Infanterieregiments als Teilnehmer des Gefechts mehr oder weniger authentisch zu berichten weiß.

[29] Eine Monographie zu der genannten Thematik, die diverse „Teilgeschichten" wie Politik-, Sozial-, Rüstungs-, Formations- oder Operationsgeschichte der württembergischen Armee umfassend darstellt, ist noch immer ein Desiderat.

gesellschaftlichen und kulturellen Grenzen, Strukturen und Entwicklungen des Militärs in seiner Zeit. Bei einer „Konzentration" auf den 24. Juli 1866 müssen daher die Rahmenbedingungen in ihrer Genese und Entwicklung über einen Zeitraum von einem halben Jahrhundert in Grundzügen – kurz, aber in gebotener Ausführlichkeit – skizziert werden.

Hierzu gilt es zunächst, sich in diesem Zeitraum (II.) der „deutschen" und (III.) der „württembergischen" Heeresgeschichte zuzuwenden, bevor (IV.) das Kriegsbild zur Mitte des 19. Jahrhunderts als militärische Voraussetzung des (V.) „Bruderkrieges" von 1866 betrachtet wird. Der (VI.) operative Rahmen und der Feldzugverlauf in Süddeutschland – vornehmlich aus württembergischer Perspektive – führen zur (VII.) Schilderung des Gefechts bei Tauberbischofsheim am 24. Juli. Im Anschluss daran erfolgt eine kritische (VIII.) Bewertung, bevor – nach einem Epilog – in einem (IX.) Fazit ein Résumé unternommen wird.[30]

II. Der Deutsche Bund, seine Kriegsverfassung und sein Bundesheer

Der am 8. Juni 1815 auf dem Wiener Kongress gebildete Deutsche Bund war ein Staatenbund mit souveränen Gliedstaaten.[31] Darüber

---

[30] Im Anhang erfolgt zudem ein Epilog über das Totengedenken, vornehmlich in Form einer orts- und heimatgeschichtlichen Annäherung, mit Überlegungen, wie – in Ermangelung der schriftlichen Überlieferung – in Optionen eruiert werden kann, wann und unter welchen Umständen der im Gefecht bei Tauberbischofsheim gefallene Soldat Emil A. Hirt aus Löwenstein den Weg in das 1. Kgl. Württembergische Jägerbataillon gefunden haben könnte.

[31] Vgl. in „deutscher" Perspektive statt vieler für einen generellen Überblick Peter Burg, Der Wiener Kongress. Der Deutsche Bund im europäischen Staatensystem, 3. Aufl. München 1993 sowie ders., Die Staatenbeziehungen im Deutschen Bund. Die Welt der deutschen Einzelstaaten zwischen Partikularismus, Dualismus und Unitarismus, in: Paul Leidinger / Dieter Metzler (Hg.), Geschichte und Geschichtsbewusstsein (= Festschrift für Karl-Ernst Jeismann zum 65. Geburtstag), Münster 1990, S. 349-365 und Jürgen Angelow, Der Deutsche Bund, Darmstadt 2003 sowie für die europäische Perspektive Heinz Duchhardt, Der Wiener Kongress. Die Neugestaltung Europas 1814/1815, München 2013; Reinhard Stauber, Der Wiener

hinaus entstand er als „internationale" Fürstenunion zur Stabilisierung der europäischen Mitte. Gerade die dynastischen Verflechtungen einzelner Fürstenhäuser, die „deutsche" und „nicht-deutsche" Kronen gleichzeitig in Personalunion trugen, konnten zwar einerseits die europäische Perspektive verdeutlichen, gleichzeitig waren sie aber auch ein „Schutz" vor der befürchteten Bildung eines deutschen Nationalstaates.[32] Der Deutsche Bund war damit ein „dritter Weg" zwischen machtpolitischem Vakuum und kraftvoll-dynamischem Nationalstaat im Herzen Europas. Gleichzeitig war er Nukleus und Ausfluss eines kontinentalen kollektiven Sicherheitssystems.[33] Alles andere hätte nach zwanzigjähriger Kriegszeit den Interessen der Sieger der antinapoleonischen Kriege widersprochen.

Im Zeitalter nach dem Wiener Kongress 1814/15 stand für diese – „alternativlos" – die Aufrechterhaltung des „Systems Metternich", i.e. Restauration durch die Wiederherstellung des vorrevolutionären Zustandes und die Schaffung innenpolitischer Stabilität durch Legitimation („Gottesgnadentum"), im Zentrum politischen Denkens und Handelns.[34] Diesen beiden weltanschaulich-konzeptionellen Theoremen stand als Postulat und gegenseitiges Versprechen die „Solidarität der Fürsten" zur Seite. Die zur Wahrung des europäischen Gleichgewichts im Zeichen der „Heiligen Allianz" von „verfassungslosen" Großmächten (Österreich, Preußen, aber auch dem russischen Zarenreich) etablierte neue Ordnung wurde dadurch erkauft, dass der zwar

---

Kongress, Wien u.a. 2014 und Thierry Lentz, 1815. Der Wiener Kongress und die Neugründung Europas, München 2014.

[32] Vgl. Anselm Doering-Manteuffel, Die deutsche Frage und das europäische Staatensystem 1815-1871, 3., um einen Nachtr. erw. Aufl. München 2010 und Harald Müller, Deutscher Bund und deutsche Nationalbewegung, in: Historische Zeitschrift 248 (1989) 1, S. 51-78.

[33] Vgl. Matthias Schulz, Normen und Praxis. Das Europäische Konzert der Großmächte als Sicherheitsrat, 1815-1860 (= Studien zur Internationalen Geschichte, Bd. 21), München 2010 und Helmut Seier, Der Deutsche Bund als militärisches Sicherungssystem 1815-1866, in: Gabriele Clemens (Hg.), Nation und Europa. Studien zum internationalen Staatensystem im 19. und 20. Jahrhundert (= Festschrift für Peter Krüger zum 65. Geburtstag), Stuttgart 2001, S. 19-33.

[34] Vgl. generell Dieter Langewiesche, Europa zwischen Restauration und Revolution 1815-1849, 4. Aufl. München 2004.

stets mitgedachte „äußere Feind" in der Regel dem sehr viel mehr gefürchteten „inneren Feind" wich.[35] Dies hatte zur Folge, dass die Überlegungen für einen zwischenstaatlichen Krieg zunächst in den Hintergrund traten – zumal durch die „Heilige Allianz" nach und nach fast alle europäischen Monarchien, zumindest vordergründig auf Basis des Christentums, miteinander „verbündet" waren.[36]
Zweck des Deutschen Bundes war nach Artikel 2 der Bundesakte folglich die „Erhaltung der äußeren und inneren Sicherheit Deutschlands und der Unabhängigkeit und Unverletzbarkeit der einzelnen deutschen Staaten."[37] Diese Zweckbestimmung hatte historische und politische Gründe. So sollte zum einen die Kriegführung deutscher Staaten untereinander unterbunden werden, i.e. die „souveränen" Territorialstaaten zunächst voreinander und dann gemeinsam vor Angriffen Dritter geschützt werden; zum anderen wurden die beiden deutschen Großmächte Österreich und Preußen – durch eine Grenzziehung, die deren „deutschen" Gebiete von den bundesfremden „außer-deutschen" Territorien trennte – als „europäische" Mächte betrachtet, um deren machtpolitischen Ambitionen und Aufgaben zur Aufrechterhaltung und gegebenenfalls Wiederherstellung der „Balan-

---

[35] Vgl. Wolfram Siemann, Heere, Freischaren, Barrikaden. Die bewaffnete Macht als Instrument der Innenpolitik in Europa 1815-1847, in: Dieter Langewiesche (Hg.), Revolution und Krieg. Zur Dynamik historischen Wandels seit dem 18. Jahrhundert, Paderborn 1989, S. 87-102.

[36] Vgl. Philipp Menger, Die Heilige Allianz – La garantie religieuse du nouveau système Européen?, in: Wolfram Pyta (Hg.), Das europäische Mächtekonzert. Friedens- und Sicherheitspolitik vom Wiener Kongreß 1815 bis zum Krimkrieg 1853, Stuttgart 2009, S. 209-236 und ders., Die Heilige Allianz. Religion und Politik bei Alexander I. (1801-1825), Stuttgart 2014.

[37] Vgl. generell Michael Kotulla, Deutsches Verfassungsrecht. Eine Dokumentensammlung nebst Einführungen, Berlin 2008. Mit jeweiliger Einbindung in den historischen und verfassungsrechtlichen Rahmen vgl. Karl Binding, Deutsche Staatsgrundgesetze, Leipzig 1913, Fritz Hartung, Deutsche Verfassungsgeschichte, Leipzig 1914 und Hans Boldt, Deutsche Verfassungsgeschichte. Politische Strukturen und ihr Wandel, Band 2, München 1990 (insbesondere S. 124-167) sowie Udo Sautter, Deutsche Geschichte seit 1815: Daten, Fakten, Dokumente, Bd. 2, Stuttgart 2004. Auf einen gesonderten und einzelnen Nachweis der auf die Verträge Bezug nehmenden Quellen wird hier – ihrer allgemeinen Kenntnis und Zugänglichkeit wegen – verzichtet.

ce of Power"[38], incl. dem Recht auf Kriegführung, nicht zu beschneiden.[39]

Als vorläufige Rahmenvereinbarung wurde die Bundesakte nach weiteren Verhandlungen und Ergänzungen auf der Wiener Ministerkonferenz am 25. November 1819 als Wiener Schlussakte beschlossen und am 8. Juni 1820 von der Bundesversammlung des Deutschen Bundes de facto als erstes deutsches Bundes-Verfassungsgesetz in dessen Hauptstadt Frankfurt einstimmig angenommen.

Die Bundeskriegsverfassung[40] bestand aus den am 9. April 1821 von der als „geschäftsführende" Dauereinrichtung des Bundes fungierenden Bundesversammlung beschlossenen 24 Artikeln über „Allgemeine Grundrisse", denen vom „Engeren Rat" am 12. April 1821 94 Paragraphen über die „Näheren Bestimmungen" beigefügt wurden, die die Gliederung des Bundesheeres, dessen Stärke, die Waffengattungen, Bewaffnung, Ausbildung und Mobilisierungsmaßnahmen festlegten. Als Ersatz – wenn auch nicht versehen mit deren politischer Gestaltungskraft – für einen permanenten militärischen Führungsstab wurde am 15. März 1819 mit der Bundesmilitärkommission[41] eine mehr oder weniger „integrierte" Führungsinstanz geschaffen. Einer

---

[38] Vgl. Michael Sheehan, The Balance of Power. History and Theory. London/New York 1996 und Michael Erbe, Revolutionäre Erschütterung und erneutes Gleichgewicht. Internationale Beziehungen 1785–1830 (= Handbuch der Geschichte der Internationalen Beziehungen, Bd. 5), Paderborn u.a. 2004 sowie Winfried Baumgart, Europäisches Konzert und nationale Bewegung. Internationale Beziehungen 1830-1878 (= Handbuch der Geschichte der Internationalen Beziehungen, Bd. 6), 2. Aufl. Paderborn u.a. 2007.

[39] Es ist in diesem Zusammenhang notwendig, darauf hinzuweisen, dass dieser „Staatenbund" natürlich eine eigenständige Außen- und Militärpolitik der beiden Großmächte Preußen und Österreich nicht beeinflussen konnte. Diese war generell auch den anderen Staaten möglich und sie verfolgten dies in bescheidenem Maße auch – indes hatten sie kaum das Potential für existentielle Herausforderungen für den Deutschen Bund in seiner Gesamtheit.

[40] Leicht zugänglich abgedruckt in Jürgen Angelow, Von Wien nach Königgrätz. Die Sicherheitspolitik des Deutschen Bundes im europäischen Gleichgewicht 1815-1866 (= Beiträge zur Militärgeschichte, Bd. 52), München 1996, S. 290-308.

[41] Vgl. generell Wolfang Keul, Die Bundesmilitärkommission (1819-1866) als politisches Gremium. Ein Beitrag zur Geschichte des Deutschen Bundes, Frankfurt a.M. 1977.

ihrer Tätigkeitsschwerpunkte war die „Bewirtschaftung" der Bundesfestungen[42], die sämtlich – im Falle eines Verteidigungskrieges – in Richtung Frankreich der Verteidigung Stabilität verleihen sollten. Hinsichtlich der Außen-, Sicherheits- und Verteidigungspolitik gab es drei grundsätzliche Aufgaben: (1.) Sicherung des äußeren Friedens im Falle eines Angriffes gegen eines der Bundesmitglieder, (2.) Bundesexekutionen gegen Mitglieder des Bundes, die sich Bestimmungen der Bundesakte oder anderen Beschlüssen des Bundes widersetzen sowie (3.) Bundesinterventionen zur Unterstützung von Mitgliedern, die sich Aufständen oder anderen politisch-gesellschaftlichen Bewegungen nicht alleine erwehren können. Ein – möglicher – Krieg der Mitgliedstaaten untereinander blieb nach Art. 11 der Bundesakte ausgeschlossen, Streitigkeiten sollten nach Art. 18f. der Wiener Schlussakte durch Gerichte entschieden werden.

Dabei bestand indes ein „institutionelles" Problem: Da der Staatenbund weder über einen „Bundesgerichtshof" noch eine eigene Bürokratie verfügte, war er bei der Durchsetzung sämtlicher Beschlüsse stets darauf angewiesen, dass diese durch die Mitglieder einzelstaatliche Gesetzeskraft erhielten. Deren Regierungshandeln aber war vom innenpolitischen Kräftefeld und den staatlichen Interessen abhängig.[43] Hierzu gehörte insbesondere auch die „Souveränität" in Fragen des Heerwesens.[44]

---

[42] Zu den Bundesfestungen (zunächst ab 1815 Mainz, Landau und Luxemburg sowie nach der Rheinkrise von 1840 zusätzlich 1841 Rastatt und 1842 Ulm) vgl. Peter Galperin, Deutsche Wehr im Deutschen Bund 1815-1866 mit gesonderten Hinweisen auf die Bewaffnung, die Marine, die Soldatenversorgung, die Wehrfinanzierung, Osnabrück 2000, S. 223-344 und im Überblick Elmar Wienhöfer, Das Militärwesen des Deutschen Bundes und das Ringen zwischen Österreich und Preussen um die Vorherrschaft in Deutschland 1815-1866 (= Studien zur Militärgeschichte, Militärwissenschaft und Konfliktforschung, Bd. 1), Osnabrück 1973, S. 65-73 sowie Klaus T. Weber, Bundesfestungen - Eine Einführung, in: Die Festungen des Deutschen Bundes 1815-1866 (= Festungsforschung, Bd. 5), Regensburg 2013, S. 9-46.

[43] Vgl. Jürgen Müller, Der Deutsche Bund 1815-1866 (= Enzyklopädie Deutscher Geschichte, Bd. 78), München 2006, S. 71.

[44] Zur späteren, kurzen maritimen Komponente vgl. Galperin, Deutsche Wehr im Deutschen Bund, S. 397-414.

Militärisches Instrument des Deutschen Bundes wurde das aus den Kontingenten der Mitgliedsstaaten zu bildende Bundesheer.[45] Eine Delegation der Wehrhoheit an eine (nicht vorhandene) Bundes-Zentralinstanz war weder vorgesehen noch generell denkbar. Das Bundesheer war daher auch kein einheitliches oder gemeinsames Heer[46] sondern ein Koalitionsheer, dessen verschiedene Kontingente in Abhängigkeit der (sicherheits-) politischen Lage von einer „coalition of the willing" zum Einsatz gebracht werden konnten.

Die „stete Rüstung", d.h. das stehendes Heer, das der Deutsche Bund vorhalten sollte, umfasste 1% der Bevölkerung der Mitgliedstaaten. Das Bundesheer sollte innerhalb von vier Wochen nach Mobilmachung in voller Kriegsstärke einsatzbereit sein. Dies bedeutete, dass dann neben der *stehenden Truppe* ein in Friedenzeit aus Kadern bestehendes *Reservekontingent* von einem zusätzlichen Drittelprozent sowie ein *Ersatzkontingent* in Stärke von einem weiteren Sechstel – insgesamt also 1,5% der Bevölkerung – „unter Waffen" zu stehen hatte.

Von den zehn Bundeskorps entfielen je drei auf das Kaiserreich Österreich (insgesamt ca. 95.000 Mann = 31 Prozent des Bundesheeres) und das Königreich Preußen (ca. 80.000 Mann = 26 Prozent). Das VII. Korps bildete Bayern (35.600 Mann = 11 Prozent).[47] Neben diesen sieben „homogenen Korps" wurden aus den Kontingenten sämtlicher anderer Gliedstaaten des Bundes drei gemischte resp. „multina-

---

[45] Vgl. Helmut Seier, Zur Frage der militärischen Exekutive in der Konzeption des Deutschen Bundes, in: Johannes Kunisch (Hg.), Staatsverfassung und Heeresverfassung in der europäischen Geschichte der frühen Neuzeit (= Historische Forschungen, Bd. 28), Berlin 1986, S. 397-445 sowie als konzise Überblicksdarstellung Wolfgang Petter, Deutscher Bund und deutsche Mittelstaaten, in: MGFA (Hg.), Deutsche Militärgeschichte in sechs Bänden 1648-1939 (Abschnitt IV/Zweiter Teil: Militärgeschichte im 19. Jahrhundert 1814-1890: Strukturen und Organisation), München-Herrsching 1983, S. 226-301.

[46] So Franz Ettmayer, Das Bundesheer des Deutschen Bundes als Folge des Wiener Kongresses von 1815. Ein Versuch der Etablierung eines gemeinsamen Heeres als Garantie des Friedens, in: ÖMZ 53 (2015) 6, S. 698-707.

[47] Zu Bayern vgl. Wolf D. Gruner, Das bayerische Heer 1825 bis 1864. Eine kritische Analyse der bewaffneten Macht Bayerns vom Regierungsantritt Ludwigs I. bis zum Vorabend des deutschen Krieges (= Wehrwissenschaftliche Forschungen, Abteilung Militärgeschichtliche Studien, Bd. 14), Boppard am Rhein 1972.

tionale"[48] Korps aufgestellt. Beim südwestdeutschen VIII. Korps bildete das Königreich Württemberg (14.000 Mann = 4,5 Prozent) zusammen mit Badens 10.000 Mann den Kern, im mitteldeutschen IX. Korps stellte Sachsen mit 12.000 Soldaten den größten Anteil, im norddeutschen X. Korps Hannover mit 12.000 Mann.[49]

Diese Mindestbestimmungen durften in den Staaten des Bundes auch überschritten werden. Aber nur Preußen und Österreich unterhielten aufgrund ihres Selbstverständnisses und ihrer Ambitionen darüber hinaus noch ein Mehrfaches an Truppen. Hierbei ist jedoch auch zu berücksichtigen, dass bei den Mittel- und Kleinstaaten des Bundes weder ein politischer Wille noch ein finanzieller „Spielraum" vorhanden war: sämtliche Allianzpartner laborierten an den Folgen der napoleonischen Ära! Zwei Jahrzehnte Krieg, Kreditrückzahlungen, Wirtschaftsmisere, Pensionszahlungen und Invalidenversorgung sowie ein genereller Abrüstungswille zur Sanierung der Staatshaushalte dominierten deren Finanz- und Militärausgaben über lange Zeit.[50]

Während die österreichischen, preußischen und bayerischen Korps homogene Großverbände „aus einem Guss" waren, eigneten sich jene der anderen Staaten in erster Linie für die Aufrechterhaltung – erstens – der innenpolitischen Stabilität bei stets befürchteten sowie jederzeit möglichen Unruhen[51] und sie unterstützten – zweitens – die sublime Illusion monarchischer Souveränität im Zeitalter der Restauration. Und da der „äußere Friede" als gesichert galt, zog in den Armeen der

---

[48] Ein einheitliches deutsches Staatsbürgerschaftsrecht sollte es erst ab 1913 geben.
[49] Vgl. Hans-Peter Düsterdieck, Das Heerwesen im Königreich Hannover von 1820 bis 1866. Ein Beitrag zur Geschichte der hannoverschen Armee, Braunschweig 1970, Joachim Niemeyer, Hannöversches Militär 1815-1866, Beckum 1992 sowie Udo Vollmer, Die Armee des Königreichs Hannover. Bewaffnung und Geschichte von 1803-1866, Schwäbisch Hall 1978 und (älter) B. Jacobi (Hg.), Das zehnte Armee-Corps des deutschen Bundesheeres. Kriegs-Verfassung und Verwaltung seiner Contingente, Hannover 1858 sowie für Baden Karl-Heinz Lutz, Das badische Offizierskorps 1840-1870/71 (= Veröffentlichungen der Kommission für geschichtliche Landeskunde in Baden-Württemberg, Reihe B, 135), Stuttgart 1997.
[50] Vgl. Petter, Deutscher Bund, S. 237.
[51] Vgl., wenn auch etwas über die Zeit hinausgreifend, Michael P. Vollert, Für Ruhe und Ordnung. Einsätze des Militärs im Innern (1820-1918). Preußen – Westfalen – Rheinprovinz, Bonn 2014.

„souveränen Duodezfürsten" auf den Exerzierplätzen der Biedermeierzeit sukzessive der „Schlendrian" ein.[52]
Insbesondere bei den drei „letzten" Korps (VIII., IX. und X.) war es offensichtlich, dass deren Ergänzung durch die vielfach für eine sinnvolle Führung viel zu kleinen Kontingenten aus den „Klein- und Kleinststaaten" des Deutschen Bundes de facto dysfunktional war.[53] Aber gerade diese „heterogenen" Korps sollten idealtypisch die föderalistische Trias-Idee eines „Dritten Deutschlands"[54] zwischen den beiden Hegemonialmächten Preußen und Österreich widerspiegeln.[55] Gleichzeitig wurde damit auch offenbar, dass der Deutsche Bund in gewisser Hinsicht in der Tradition des Heiligen Römischen Reiches deutscher Nation in erster Linie nicht als Machtfaktor „nach außen" sondern zur Rechtswahrung und Friedenssicherung als ein defensives Bündnis mit – modern formuliert – struktureller Nichtangriffsfähigkeit konzipiert worden war.[56]

---

[52] Dieser Prozess galt gleichermaßen auch für die „Großmächte" wie den Habsburgischen Kaiserstaat, dessen „Italienarmee" vor der Kommandoübernahme durch Feldmarschall Radetzky „fast 15 Jahre auf den Exerzierplätzen der Biedermeierzeit verbracht" hatten, vgl. Oskar Wolf-Schneider von Arno, Der Feldherr Radetzky, Wien 1933, S. 47.
[53] Zur Problematik der militärischen Organisationsfindung in der Anfangszeit vgl. Lothar Höbelt, Zur Militärpolitik im Deutschen Bund. Corpseinteilung und Aufmarschpläne im Vormärz, in: Helmut Rumpler (Hg.), Deutscher Bund und deutsche Frage 1815-1866. Europäische Ordnung, deutsche Politik und gesellschaftlicher Wandel im Zeitalter der bürgerlich-nationalen Emanzipation (= Wiener Beiträge zur Geschichte der Neuzeit, Bd. 16/17), München 1990, S. 114-135.
[54] Zum Trias-Gedanken vgl. Peter Burg, Die deutsche Trias in Idee und Wirklichkeit. Vom Alten Reich zum Deutschen Zollverein (= Veröffentlichungen des Instituts für Europäische Geschichte, Bd. 136, Abteilung Universalgeschichte), Stuttgart 1989 und ders., Die Triaspolitik im Deutschen Bund. Das Problem einer partnerschaftlichen Mitwirkung und eigenständigen Entwicklung des Dritten Deutschland, in: Rumpler (Hg.), Deutscher Bund und deutsche Frage, S. 136-161.
[55] Vgl. Hermann Gackenholz, Das Heerwesen des Deutschen Bundes (1815-1866), in: Linnebach, Heerwesen, S. 275-292, hier S. 280.
[56] Vgl. Wolfgang Petter, Der Deutsche Bund als militärische Allianz (1815-1866), in: Forces armées et systèmes d'Alliances (= Colloque International d'Histoire Militaire et d'Etudes de Défense Nationale), Montpellier 1981, S. 313-331, hier S. 314.

Die beibehaltene „Wehrhoheit" der Allianzpartner führte im gesamten Zeitraum des Bundesheeres dazu, dass es bei den Formationen, der Bewaffnung, Ausrüstung und taktischen wie auch operativen Ausbildung erhebliche Unterschiede gab,[57] die es unmöglich werden ließen, die Truppen zusammen und nach einheitlichen Grundsätzen üben zu lassen oder im Krieg einer gemeinsamen Führung unterzuordnen.[58] Auch war es sicherlich ein Manko, dass erst für den Fall eines auswärtigen Krieges ein Bundesfeldherr gewählt werden sollte.[59] Dieser verfügte dann aber tatsächlich über eine Fülle an Einfluss – indes erst nach Kriegsbeginn. Erst nach seiner Ernennung und der Bildung eines Generalstabes – i.e. während des beginnenden Krieges – war es ihm erlaubt, einen Operationsplan zu entwerfen, bevor er sich – mit ihm unbekannten Truppen und Offizieren – an die Umsetzung machen konnte.

So dysfunktional dies in der Retrospektive erscheint, so „aktuell" war genau dies von den Vertragspartnern im 6. Koalitionskrieg (1812-

---

[57] Es konnte zum Beispiel vorkommen, dass die bei den „Allianzpartnern" eingeübten (akustischen) Führungssignale vollkommen unterschiedliche bzw. gegensätzliche Bedeutungen hatten. Was bis 1859 noch bei den Württembergern das Signal für den Angriff war, galt den Badenern als jenes für den Rückzug, vgl. Vereinigung der Freunde des Wehrgeschichtlichen Museums Schloß Rastatt e.V. (Hg.), Unter dem Greifen, Altbadisches Militär von der Vereinigung der Markgrafschaften bis zur Reichsgründung 1771-1870, Karlsruhe 1984, S. 100.

[58] Vgl. insgesamt Andreas Kraus, Probleme der Abrüstung in Bayern von 1816 bis 1866, in: MGFA (Hg.), Einzelprobleme politischer und militärischer Führung (= Vorträge zur Militärgeschichte, Bd. 1), Herford 1981, S. 32-52, hier S. 34. Darüber hinaus ist es der historischen Redlichkeit geschuldet, nicht nur immer auf die erheblichen Schwierigkeiten der kleineren Bundesmitgliedern bei der Bereitstellung ihres „Solls" zu verweisen, selbst Österreich sah sich des Öfteren veranlasst, seine vorzuhaltenden Truppen anderenorts, wenn auch meist nur temporär, zu dislozieren. Dies führte im unmittelbaren Vorfeld des Jahres 1866 dazu, dass Österreich für die Belange seiner Bundesverpflichtungen 1864 für die „deutsche" Dislokation lediglich stellte: ein Jägerbataillon, zwei Infanterieregimenter und ein Drittel Regiment schwere Kavallerie; vgl. Wienhöfer, Militärwesen, S. 103.

[59] Vgl. Helmut Seier, Der Oberbefehl im Bundesheer. Zur Entstehung der deutschen Bundeskriegsverfassung 1817-1822, in: Militärgeschichtliche Mitteilungen 21 (1977), S. 7-33 sowie den Abschnitt VI: Oberfeldherr mit den §§ 45-66 der Kriegsverfassung des Deutschen Bundes.

1815) als Erfolgsmodell eingestuft worden – so zumindest die politisch überformte Interpretation ihrer „Lessons learned" aus dem Herbstfeldzug von 1813 und bei der „Völkerschlacht" bei Leipzig, 1814 im Winterfeldzug in Frankreich und 1815 in Belgien bei Waterloo gegen Napoleon (1769-1821) trotz erheblicher Friktionen im Rahmen einer Koalitionskriegführung.[60] Tatsächlich aber wollte niemand riskieren, dass sich aus dem Amt eines Bundesfeldherrn in Friedenszeiten bei einem charismatischen militärischen Führer „bonapartistische" resp. napoleonische Gelüste entwickelten.[61] Schließlich hätte dieser sich Rechte einfordern können, um für den Kriegsfall tatsächlich auf ein schlagkräftiges Heer zurückgreifen zu können. Mögliche Eingriffe in die einzelstaatliche Wehr-Souveränität in Friedens- wie auch Krisenzeiten galt es daher von den Bundesmitgliedern genauso zu verhindern wie Teilmobilmachungen unter der Regie eines Bundesfeldherrn, der aus dem „Primat der (Außen-)Politik" ein „Primat des Militärischen" hätte ableiten können. Das Amt des Bundesfeldherrn blieb daher ein „theoretisches" – im Frieden war es schlichtweg von den zahllosen Souveränen nicht gewollt. So wenig dies für eine einheitliche militärische Ausbildung, Erziehung und Führung der einzelstaatlichen Kontingente im Hinblick auf einen „Bundes- resp. Staatenkrieg" sinnvoll erscheint, so sehr war dieses Prozedere bei den tatsächlichen Zielsetzungen des Deutschen Bundes und seines Militärs – systemimmanent – „logisch".

Die strukturellen Unzulänglichkeiten der militärischen Verbände der Klein- und Mittelmächte – gemessen an militärischer Sinnhaftigkeit – waren selbstverständlich oft Gegenstand der Erörterungen bei den Debatten über die zukünftigen Reformpläne und deren Finanzie-

---

[60] Vgl. Eberhard Birk, Die „Völkerschlacht" bei Leipzig vom 16.-19. Oktober 1813. Betrachtungen zu Problemen der Koalitionskriegführung und anderen „Friktionen", in: ÖMZ 6/2013, S. 689-693 sowie ders. / Rufin Mellentin, Vom Rheinübergang nach Paris: Der Winterfeldzug des Jahres 1814 (S. 227-237) und Sven Lange, Waterloo 1815: Ikone einer Schlacht (S. 238-247), beide in: Eberhard Birk / Thorsten Loch / Peter Popp (Hg.), Wie Napoleon nach Waterloo kam. Eine kleine Geschichte der Befreiungskriege 1813 bis 1815, Freiburg 2015.
[61] Vgl. Petter, Der Deutsche Bund als militärische Allianz, S. 325.

rung.⁶² Sie zogen sich wie ein „roter Faden" durch alle Protokolle der Besprechungen. Die zur Mitte des 19. Jahrhunderts ventilierten Überlegungen Preußens und Österreichs, aus dem Bundesheer zur Effizienzsteigerung quasi eine norddeutsche Armee unter preußischer und eine süddeutsche unter österreichischer Führung zu machen, scheiterten am Souveränitätsvorbehalt der Mittelstaaten, die selbst eine „rein deutsche" Armee dazwischen präferierten, hierfür jedoch kein für alle Akteure akzeptables Arrangement fanden und damit letztlich selbst alle effizienzsteigernden Reformen blockierten.⁶³

Insbesondere bei den regelmäßig vorgenommenen „Musterungen" des Bundesheeres in Bezug auf Organisationsgrad, Ausrüstung und Ausbildungsstand wurden die Mängel des politisch-militärischen Föderalismus resp. Partikularismus offensichtlich.⁶⁴ Während die Truppen Preußens und Österreichs durchgehend keinen Anlass für anzumahnende Verbesserungen boten, war dies bei allen anderen Kontingenten jedoch die Regel. Substantielle Verbesserungen – und hier ist weniger den Kommissionen, Inspektoren und anderen, dem Bundesgedanken verpflichtenden Militärs ein Vorwurf zu machen – scheiterten stets an der Frage nach einem „Oberbefehl" bereits in Friedenzeiten sowie dem generellen Unwillen zu größeren finanziellen Ausgaben.

Die reale Situation ließ damit das rechtliche Verbot der Bundeskriegsverfassung, die dies insbesondere mit Blick auf die entsprechenden Bestrebungen Preußens für die nördlich des Mains liegenden Territorien des Bundes untersagt hatte – demnach durfte kein „Bundesstaat, dessen Contingente ein oder mehrere Armeekorps für sich allein bildet (…) Contingente anderer Bundesstaaten mit den seinigen in eine

---

⁶² Vgl. zum Zusammenhang Walter Schnabel, Die Kriegs- und Finanzverfassung des Deutschen Bundes, Marburg 1966 und Walther Peter Fuchs, Die deutschen Mittelstaaten und die Bundesreform 1853-1860 (= Historische Studien, H. 256), Berlin 1934.
⁶³ Vgl. Wolf D. Gruner, Die Würzburger Konferenzen der Mittelstaaten in den Jahren 1859-1861 und die Bestrebungen zur Reform des Deutschen Bundes, in: Zeitschrift für Bayerische Landesgeschichte 36 (1973), S. 181-253.
⁶⁴ Vgl. im Überblick Keul, Bundesmilitärkommission, S. 139-182.

Abtheilung verbinden"⁶⁵ –, auch de facto undurchführbar machen. Mit dem in späterer Zeit zunehmenden Antagonismus der beiden „lead-nations" des Deutschen Bundes – Österreich und Preußen – waren dann ohnehin alle weiteren Debatten Makulatur.⁶⁶ Politische Gegensätze können nicht zu einer einheitlichen Militärpolitik führen – weder auf größerer noch auf kleinere Ebene.

Zudem fand die Bereitschaft zum Einsatz größerer Finanzmittel in den Mittel- und Kleinstaaten des Bundes ihre Grenze auch in der politischen und militärischen Logik des Zeitalters: bei jedem, die Existenz des Bundes herausfordernden „Bundeskrieg" wäre die Schlagkraft ohnehin von den preußischen und österreichischen Kontingenten abhängig gewesen. Und: beide Großmächte hatten nur einen Teil ihrer Streitkräfte für den Bund vorgehalten; ihre weiteren, nicht unerheblichen Truppen – bei den Preußen zusätzlich zu den drei Korps sechs weitere – hätten sie aller Voraussicht nach ebenfalls herangezogen. Dies galt insbesondere bei dem einzig realistischen Szenario eines Krieges gegen Frankreich. Eine derartige „Sicherheit" hatte selbstverständlich auch Auswirkungen auf den Willen zum Aufbau und Unterhalt von Streitkräften der einzelnen Bundesmitglieder unterhalb der „Großmachtschwelle".

III. Das Königreich Württemberg, seine Armee und ihre Rolle im Militärwesen des Deutschen Bundes

Die (Neu-) Aufstellung der Königlich Württembergischen Armee erfolgte nach dem Ende der für die württembergischen Truppen mit unermesslich hohen Verlusten (insbesondere 1812/13)⁶⁷ beendeten

---

[65] Artikel V der Kriegsverfassung des Deutschen Bundes.
[66] Vgl. Gruner, Die Würzburger Konferenzen sowie mit größerem zeitlichen Rahmen Ulrich Hencke, Die Heeresverfassung des Deutschen Bundes und die Reformpläne in den Sechzigerjahren. Ein Beitrag zur Verfassungsgeschichte des 19. Jahrhunderts, Tübingen (jur. Diss.) 1955 (Masch.schr.).
[67] Vgl. Harder, Handbuch, S. 62, der für die Gesamtheit der sechs Koalitionskriege an Toten 269 Offiziere und 26.623 Soldaten angibt. Wie hoch die Mobilisierungsquote unter den „Landeskindern" war, lässt sich auch daraus ersehen, dass König

anti-napoleonischen Kriege auf der Basis der Bestimmungen der Kriegsverfassung des Deutschen Bundes vom 9. April 1821. Sie bedeutete erneut eine enorme personelle und finanzielle Bürde. Der Neuanfang – als Ausdruck monarchischer Souveränität des Königreichs Württemberg – schuf die neuen Streitkräfte de facto als Bestandteil einer Bündnisarmee.

Württemberg stellte das Gros des VIII. Korps, zu dem auch die Kontingente der Großherzogtümer Baden und Hessen-Darmstadt sowie jener der kleineren Fürstentümer Hohenzollern-Hechingen, Hohenzollern-Sigmaringen und Liechtenstein hinzukamen – die letzteren drei indes nur bis zum Jahr 1830, als eine Reorganisation des Bundeskriegswesens die Bündelung sämtlicher Kontingente kleinerer Territorien in einer Reservedivision vorsah. Abgesehen davon, dass diese neu gebildete (Infanterie-) Division aus den 19 kleinsten Bundes-Kontingenten des VIII., IX. und X. Korps militärisch letztlich genauso belanglos blieb wie die Beiträge der zahlreichen Kleinstaaten zu den Korps, bedeutete diese Reorganisation doch eine doppelte Entlastung: sie reduzierten die aufzubringenden finanziellen Mittel für die Kleinstaaten, da für diese damit die kostenintensiven Truppengattungen Artillerie und Kavallerie entfielen und nur noch Infanterie zu stellen war; durch ihre Nicht-Beteiligung an den Korps waren diese zwar nicht unbedingt schlagkräftiger, dafür jedoch etwas „homogener".[68]

Die 1. Division des VIII. Korps bildeten fortan die Truppen des Königreichs Württemberg mit 13.995 Mann, die 2. Division jene 10.000 Mann des Großherzogtums Baden, als 3. Division zählten die 6.195 Soldaten des Großherzogtums Hessen-Darmstadt. Wie alle „gemischten" Korps des Bundesheeres verzichtete auch dieses VIII. Korps, das als einsetzbarer Großverband de facto nur auf dem Papier stand, auf alles, was militärisch „Sinn" machte: kein gemeinsamer Generalstab, kein Austausch der Offiziere, keine gemeinsamen (Aus-) Bil-

---

Wilhelm I. im Jahre 1840 den zu diesem Zeitpunkt noch lebenden 26.058 Veteranen der insgesamt 15 Feldzüge zwischen 1793 und 1815 die von ihm gestiftete „Kriegsgedenkmünze" verleihen konnte, vgl. Pfister, Denkwürdigkeiten, S. 445.

[68] Vgl. Keil, Bundesmilitärkommission, S. 95-98.

dungseinrichtungen für Offiziere und Unteroffiziere, keine einheitlichen Reglements für die Truppengattungen – und daher fast „logisch" auch keine gemeinsamen Übungen.[69]
Wie die anderen Kontingente des Bundesheeres erfolgte die Zahl der zu stellenden Truppen gemäß §1 der „Näheren Bestimmungen" nach der Bundesmatrikel. Für Frieden und Krieg hatte Württemberg zusammen mit den aktiven Truppen insgesamt 21.000 Mann zu stellen, wovon die meisten jedoch – aufgrund der Weigerung des Landtages, genügend finanzielle Mittel bereitzustellen – nach Ableistung einer Art „Grundausbildung" nach Maßgabe der Kompaniechefs „unbestimmten Urlaub" erhielten. Mehr als 7.000 Soldaten waren daher kaum je tatsächlich aktiv „unter Waffen".[70]
Rechtliche Grundlage für die Einbeziehung resp. Rekrutierung[71] der Mannschaften war das Rekrutierungsgesetz vom 17. Februar 1815, das im Württembergischen Regierungsblatt Nr. II vom 7. März 1815 veröffentlicht und mit dem Rekrutierungsgesetz vom 7. August 1819 modifiziert wurde.[72] In der württembergischen Verfassung wurde schließlich am 25. September 1819 in §23 die Wehrpflicht verankert: „Die Verpflichtung zur Vertheidigung des Vaterlandes und die Verbindlichkeit zum Waffendienst ist allgemein; es finden in letzter Hinsicht keine andere als durch Bundes-Akte und die bestehenden Gesetze begründeten Ausnahmen statt."[73]
Die Realität der Rekrutierung sah freilich ganz anders aus. Der Gedanke einer allgemeinen Wehrpflicht war in Württemberg tatsächlich nie „salonfähig". Konnte man in Preußen darauf verweisen, dass diese eine wesentliche Grundlage für die Wiedererlangung des Großmacht-

---

[69] Vgl. Sauer, Württembergisches Heer, S. 61.
[70] Vgl. Müller-Loebnitz, Württembergische Armee, S. 271.
[71] Vgl. hierzu grundlegend für die gesamte Zeit Schneider, Heeresergänzung.
[72] Der einzig größere Eingriff in die rechtlichen Grundlagen für das württembergische Militär in späterer Zeit war die Revision des Kriegsdienstgesetzes vom 22. Mai 1843, auf die hier nicht eingegangen werden kann; vgl. vielmehr Sauer, Württembergisches Heer, S. 90-97.
[73] Staats- und Regierungs-Blatt 1819, S. 634ff. Vgl. zudem Ernst Rudolf Huber, Dokumente zur deutschen Verfassungsgeschichte, Band 1: Deutsche Verfassungsdokumente 1803-1850, 3., neubearb. u. verm. Aufl. Stuttgart 1978, S. 187ff.

status im Zuge der „Befreiungskriege" bildete, galt dies in Württemberg überhaupt nicht. Der Militärdienst – auch jener im Rahmen der Konskription nach französischem Vorbild – war im pazifistisch eingestellten Bürgertum mehr als nur unbeliebt. Sehr schnell entwickelte sich daher der Gedanke, den als Eingriff in das kulturelle und soziale Leben empfundenen Militärdienst zu umgehen. Üblich wurde das Freikaufen vom Dienst, wenn das Los einen Bürgersohn traf. Gerade für sozial schwache Schichten entwickelte sich die auch mehrfache Übernahme der Verpflichtung zu einer sozialen Absicherung für das Alter; zudem war der Militärdienst auch als ökonomische Grundversorgung für diese nicht unattraktiv.[74]

Daher war der Militärdienst für diese „Einsteher" auch eine Möglichkeit, einem Leben als Tagelöhner oder Knecht zu entkommen. Zudem waren die körperlichen Belastungen – Exerzierübungen, Waffen- und Turnübungen etc. – für diese Soldaten aus der Landbevölkerung in der geringen Präsenzzeit im Vergleich zur vorgesehenen mehrjährigen Dienstzeit weniger stark ausgeprägt als eine Erwerbstätigkeit in manchen anderen Berufsfeldern. Der empfundene soziale Aufstieg führte sogar zur Herausbildung eines militärischen Selbstwertgefühls, was sich auch in Soldatenliedern bis in die 1850er Jahre niederschlug: „Sollt ich's einem Bauern dienen / Und mein Geld im Schweiß verdienen? Bruder, nein, das tu' ich nicht. Lieber will ich bei Kanonen / Im Gezelt und Lager wohnen, wo man von den Waffen spricht; - / Einem Bauern dien' ich's nicht."[75]

Nachdem sich die bis 1817 praktizierte Unterstellung sämtlicher Regimenter unter der persönlichen Führung des Monarchen als nicht sinnvoll herausgestellt hatte, wurde am 22. April 1817 das Kriegsministerium zur obersten Kommandobehörde. Auch die Ausbildung des Offiziersnachwuchses wurde auf neue Grundlagen gestellt. Mit königlicher Ordre vom 23. Juni 1820 wurde zum 23. Oktober 1820 die „Offizier-Bildungs-Anstalt" – in Anlehnung an die „altehrwürdigen

---

[74] Vgl. Ute Frevert, Die kasernierte Nation. Militärdienst und Zivilgesellschaft in Deutschland, München 2001, S. 133-152.
[75] Vgl. Albert Pfister, Deutsche Zwietracht. Erinnerungen aus meiner Leutnantszeit 1859-1869, Stuttgart 1902 und Militair-Wochenblatt, Nr. 48, 29.11.1845, S. 205.

württembergischen evangelisch-theologischen Klosterschulen"[76] – in Ludwigsburg eingerichtet, um die angehenden Offiziere des württembergischen Heeres für ihre Aufgaben als Vorgesetzte vorzubereiten. Die Hauptstandorte der aktiven württembergischen Truppen waren Stuttgart, Ludwigsburg, Heilbronn und Ulm. Durch die Anlehnung an das österreichische Militärwesen war beabsichtigt, die Kavallerie- und Infanterieregimenter in regelmäßigen Abständen an neue Standorte zu verlegen – durch dieses rotierende Stationierungssystem sollte eine zu enge Bindung sowohl der Truppen wie auch insbesondere des Kaderpersonals an die Bevölkerung verhindert werden. Es entsprach der Logik des restaurativen Zeitalters, die Truppen so besser für Maßnahmen der innerstaatlichen Stabilitätsgarantie gegen die eigene Bevölkerung – insbesondere in den Großstädten Württembergs – einsetzen zu können. Freilich scheiterten auch dieses Stationierungssystem – wie fast alle anderen militärpolitischen Zielsetzungen in der württembergischen Armee – am Elementaren: Geld war entweder nicht da oder es wurde nicht bewilligt.[77]

Aufgrund dauerhafter Unterfinanzierung der Truppen wurde daher das VIII. Korps in seiner Gesamtheit auch nur einmal – im Jahre 1840 – zu einem größeren Manöver im Raum um Cannstatt zusammengezogen, das nur aus offiziöser württembergischer Perspektive

---

[76] Sauer, Württembergisches Heer, S. 55. Aufgrund des seit der Reformation protestantischen Staates waren auch die meisten württembergischen Offiziere Protestanten. Die durch die napoleonischen Umwälzungen zu Beginn des 19. Jahrhunderts hinzugekommenen katholischen Gebiete Vorderösterreichs (Oberland) hatten staatspolitisch zur Folge, dass beide Konfessionen seither zwar formal gleichberechtigt waren. Da aber die Katholiken meist in ländlichen Gebieten oder Kleinstädten lebten und daher oft auch der Zugang zu höherer Bildung schwieriger war, erwies sich (bei unterschwelliger Diskriminierung) das Einschlagen der Offizierlaufbahn ebenfalls als schwieriger im Vergleich zum protestantischen Adel und Bürgertum in den größeren Städten. Die (erst) 1864 erfolgte bürgerliche Gleichberechtigung der württembergische Juden führte indes nicht dazu, dass diese dann auch tatsächlich Offiziere werden konnten, vgl. dazu Joachim Fischer, Das württembergische Offizierkorps 1866-1918, in: Hanns Hubert Hofmann (Hg.), Das deutsche Offizierkorps 1860-1960 (= Deutsche Führungsschichten in der Neuzeit, Bd. 11), Boppard am Rhein 1980, S. 99-138, hier S. 109-111.

[77] Vgl. statt vieler Schneider, Heeresergänzung, S. 365.

keinen Anlass zur Besorgnis geben konnte.[78] Der Grund für diese Übung war eine als real eingestufte Gefahr für die Verteidigung Süddeutschlands angesichts der „Rheinkrise" von 1840.[79] Ohne eine vorhandene Festung am Oberrhein würde es für Württemberg auf den Einsatzwert seiner Truppen im Rahmen des VIII. Korps ankommen.[80] Die unterschiedlichen sicherheitspolitischen Bewertungen hinsichtlich des Ortes einer Bundesfestung im oberrheinischen Raum führten dazu, dass zu diesem Zeitpunkt nach wie vor keine da war. Während die südwestdeutschen Staaten Baden und Württemberg aus naheliegenden geographisch-sicherheitspolitischen Gründen Rastatt als auszubauende Bundesfestung präferierten, wollte sich Österreich – nach dem Verlust der österreichischen Niederlande (seit 1830: Belgien) – finanziell nur im Falle eines Ausbaus von Ulm als Bundesfestung beteiligen, um die Donaulinie als Einfallstor nach Wien nachhaltig zu sichern.

Wie desolat das württembergische Heerwesen fast durchgängig während der Zeit des Deutschen Bundes war, wird auch bei der Betrachtung von den in regelmäßigen Abständen durchgeführten „Musterungen" des Bundesheeres deutlich.[81] Dies war eine insgesamt bedenkliche Entwicklung, da die kgl. württembergische Armee in den Anfängen bis zu Beginn der 1830er Jahre noch durchaus als „deutsche Mustertruppe" – insbesondere auch im Vergleich zu den preußischen

---

[78] Vgl. Müller-Loebnitz, Württembergische Armee, S. 271 und Sauer, Württembergisches Heer, S. 87. Diese Aussage bezieht sich nicht auf die zahlreichen, im Abstand von zwei oder drei Jahren auf niedriger Ebene abgehaltenen Übungen.

[79] Vgl. hierzu Wolf D. Gruner, Der Deutsche Bund, die deutschen Verfassungsstaaten und die Rheinkrise von 1840. Überlegungen zur deutschen Dimension einer europäischen Krise, in: Zeitschrift für bayerische Landesgeschichte 53 (1990), S. 51-78.

[80] In diesem Zusammenhang ist es interessant, dass es in diesem Jahr zur Herausgabe einer Schrift kam, die vom späteren Generalstabschef des VIII. Bundeskorps, Fidel von Baur-Breitenfeld, verfasst wurde: Handbuch für Offiziere des Generalstabs mit besonderer Rücksicht auf die Organisation des königlich württembergischen und des 8. Armeekorps, Stuttgart und Tübingen 1840.

[81] Daran ändert auch nichts das „Zwischenhoch" in den Berichten der Inspektionen der Jahre 1841 und 1846, vgl. Sauer, Württembergisches Heer, S. 103.

Streitkräften – galt.[82] Nachdem 1855 – nicht zuletzt auch aufgrund der am 8. Februar angeordneten Kriegsbereitschaft vor dem Hintergrund des Krim-Krieges und der dabei erkannten Mängel – eine revidierte und ambitiösere Bundeskriegsverfassung in Kraft getreten war,[83] die u.a. eine moderate Aufstockung der Kontingente verlangte, wurde zwar wie fast immer „im Ganzen (...) ein günstiger" Abschlussbericht der Musterung abgegeben – indes fehlte Württemberg bei jenen Staaten, bei denen es nichts zu bemängeln gäbe. Die im Abschlussbericht aufgelisteten Defizite ließen sich daher wie ein Mängelbericht des württembergischen Heeres lesen: Präsenzzeit, Übungen, Zahl der Offiziere, Zahl der Waffen, Bau von Kasernen, Zahl von Bekleidung, Ausrüstung und Transportmittel[84] waren unter den zahlreichen Monita, die für viele Kontingente über viele Jahre stete Begleiter blieben. Das Bundesheer im Allgemeinen wie die Streitkräfte des südwestdeutschen Königreiches im Besonderen waren de facto auch 1858 – nach vierzigjähriger Existenz – „weit davon entfernt, wenigstens die Minimalanforderungen der Bundeskriegsverfassung zu erfüllen."[85]

Aus Gründen politischer Rücksichtnahme wurden diese im Gegensatz zum tatsächlichen Einsatzwert jedoch lediglich – man ist versucht zu sagen: mit leiser aber unüberhörbarer Ironie – angedeutet, was sich selbst noch in der fachwissenschaftlichen Historiographie niederschlägt: „Die Kriegsbereitschaft des Bundesheeres wurde langsam, aber deutlich verbessert, auch wenn die Minimalanforderungen immer noch nicht erreicht waren."[86] Diese Bewertung ist auch des-

---

[82] Vgl. Sauer, Württembergisches Heer, S. 59.
[83] Vgl. deren Abdruck in Angelow, Von Wien nach Königgrätz, S. 309-322.
[84] Es ist in diesem Zusammenhang interessant, dass durch Neuformierung der württembergischen Infanterieregimenter seit März 1855 von den 11 Fahrzeugen (Kutschenwagen) nur vier für die Mitführung von Munition vorgesehen waren, dafür aber einer für die Regimentsmusik, einer für das Stabsgepäck, zwei für das Offiziersgepäck und drei für Requisiten etc., vgl. Pfister, Denkwürdigkeiten, S. 497.
[85] Keul, Bundesmilitärkommission, S. 176.
[86] Zit. nach Keul, Bundesmilitärkommission, S. 181. Zu bedenken ist aber auch ein gewisser Selbstschutz der überprüfenden Inspektoren, da sie bei der nächsten „Musterung" damit zu rechnen hatten, dass die Inspektoren der zuvor von ihnen inspizierten Armeen – im Gegenzug – auf die ähnlichen Missstände in ihren Ar-

halb von Brisanz, weil sie, bezogen auf die „Musterung" von 1863 – drei Jahre vor dem Krieg von 1866 – aufzeigt, in welchem Zustand das Bundesheer tatsächlich war.[87]

Über die mangelnde Tauglichkeit für Einsätze aller Art gab es kein Vertun. Auch für Württemberg – wie für alle anderen „gemischten" Korps des Bundesheeres – war es ein Segen, dass die Kriegstauglichkeit bis zur Mitte des 19. Jahrhunderts nicht abgefordert wurde. Und genau genommen galt dies – wie schon 1831 in der weithin beachteten Schrift „Besuch am Krankenbette des Vaterlandes" bemerkt wurde – für viele Jahrzehnte zuvor auch schon; stets sei „Württembergs Rettung nicht das Werk der [militärischen, E.B.] Kraft, sondern das der [politischen, E.B.] Klugheit. – Das größte Heer, welches ein kleiner Staat aufzustellen vermag, wird doch nie hinreichen, um ihm die freie Wahl der Partie zu sichern, welche er in einem europäischen Krieg zu ergreifen wünschte. Immer wird es sein Los sein, Material zur Verfügung der Partie zu stellen, welche in Beziehung auf ihn für den Augenblick die mächtigere ist."[88]

Und dies setzt jene politische Klugheit voraus, die vor falschen Entscheidungen und militärischen Abenteuern bewahrt. So gewendet wäre zu argumentieren, dass die württembergischen Regierungen bis 1866 alles „richtig" gemacht haben – hierfür indes ein nicht hinreichend funktionsfähiges Militär vorgehalten haben, das, wenn die politische Klugheit an ihre Grenzen stieß, zwangsläufig versagen musste.

Auch wenn in der Zeit des Deutschen Bundes auf Grundlage der Artikel 25, 26 und 28 der Wiener Schlussakte zur Wiederherstellung der monarchisch-legitimistischen „Ordnung" Bundesinterventionen

---

meen hinweisen könnten resp. würden. So wurde manche Kontrolle mehr von Komplimenten und Ordensverleihungen geprägt, vgl. Petter, Deutscher Bund, S. 247.

[87] Vgl. generell Heinz Helmert, Militärsystem und Streitkräfte im Deutschen Bund am Vorabend des preußisch-österreichischen Krieges von 1866 (= Militärhistorische Studien 7 [Neue Folge]), Berlin (Ost) 1964.

[88] Heinrich Zahn, Besuch am Krankenbette des Vaterlandes. Der Regierung, den Wählern von 1831 und der Kammer von 1832 gewidmet, Stuttgart 1831, S. 21f. Er führt darin auch mehrere Beispiele aus der württembergischen Geschichte der Jahre ab 1796 an.

stattgefunden haben (u.a. 1833 aus Anlass des Frankfurter Wachensturms, 1849 zur Niederschlagung der Badischen Revolution und 1850 in Kurhessen),[89] so waren die Württemberger dabei nie effektiv zum Einsatz gelangt. Militärische Erfahrung „im scharfen Schuss" gewann lediglich ein aus Soldaten des 4. und 8. Infanterieregiments kombiniertes württembergisches Regiment im Rahmen des preußisch geführten Neckar-Korps bei der Niederschlagung der Revolution in Baden 1849,[90] als sie bei Käfertal in der Nähe von Mannheim im Juni in einem Gefecht auf Insurgenten trafen und ausweichen mussten.[91] Dagegen sah der Bundesexekutionskrieg gegen Dänemark,[92] in dessen Rahmen zunächst fast 5.000 Mann – 6. und 8. Infanterie-Regiment, 2. Reiter-Regiment und 3. Reitende Batterie – unter dem Kommando von Generalleutnant Moritz von Miller als kombinierte Brigade aus ihren Standorten ausmarschierten, ein Bataillon Württemberger

---

[89] Vgl. Wienhöfer, Militärwesen, S. 82f. Eine geplante Intervention im Zuge des Übergreifens der „belgischen Krise" von 1830-32 auf das Großherzogtum Luxemburg – immerhin eine Bundesfestung – wurde nicht durchgeführt; Streitkräfteaufstockungen indes schon, vgl. hierzu Jürgen Angelow, Die „belgisch-luxemburgische Krise" von 1830-1832 und der Deutsche Bund: Zur geplanten Bundesintervention in Luxemburg, in: Militärgeschichtliche Mitteilungen 2/1991, S. 61-80 sowie Harald Lönnecker, Der Frankfurter Wachensturm 1833 – 175 Jahre Aufstand für nationale Einheit und Freiheit, in: Burschenschaftliche Blätter 123/3 (2008), S. 111-118, Badisches Landesmuseum Karlsruhe (Hg.), 1848/49. Revolution der deutschen Demokraten in Baden, Baden-Baden 1998 und Rüdiger Ham, Bundesintervention und Verfassungsrevision. Der Deutsche Bund und die kurhessische Verfassungsfrage 1850/52, Darmstadt und Marburg 2004 (= Quellen und Forschungen zur hessischen Geschichte, Bd. 138).

[90] Vgl. Wolfgang von Hippel, Revolution im Südwesten. Das Großherzogtum Baden 1848/49 (= Schriften zur politischen Landeskunde Baden-Württembergs, Bd. 26), Stuttgart 1998; Der Rhein-Neckar-Raum und die Revolution von 1848/49. Revolutionäre und ihre Gegenspiele, hrsg. vom Arbeitskreis der Archive im Rhein-Neckar-Dreieck. Mit Beiträgen von Hans Fenske und Erich Schneider, Ubstadt-Weiher 1998 und Otto Wermuth, „Wir haben's gewagt". Die badisch-pfälzische Revolution 1849, Freiburg i.Br. 1981.

[91] Vgl. Harder, Handbuch, S. 68.

[92] Vgl. Andreas von Bezold, Die schleswig-holsteinische Erhebung 1848-1851. Im Spannungsfeld zwischen Deutschland und Dänemark. Hamburg 2014 und Alexander Querengässer, Die Streitkräfte Schleswig-Holsteins im Unabhängigkeitskrieg 1848-1850, Berlin 2015.

(2. Bataillon des 8. Regiments) zusammen mit ihren badischen Kameraden im Gefecht bei Ulderup am 6. April 1849 für eine Stunde an der Front; die Württemberger traten allerdings „den Rückzug zuerst und zu schnell an".[93]

So wenig sich also das württembergische Militär als feldverwendungsfähig zeigte, so sehr blieb es *cum grano salis* in der Revolutionszeit von 1848/49 weitestgehend ein loyales innenpolitisches Instrument der Krone, womit es der ihm zugedachten Rolle als Stabilitätsgarant gerecht wurde – indes natürlich um den Preis der Entfremdung vom Volk.[94]

Als im Zuge des Scheiterns einer „demokratischen" Nationalstaatsgründung durch die Paulskirche[95] Preußens Politik einer konservativen Variante in Form der „Erfurter Union"[96] die Staaten des Deutschen Bundes an den Rand eines Krieges brachte, trachtete der württembergische König danach, selbst als Bundesfeldherr die Kontingente des Bundesheeres gegen Preußen und seine Verbündeten zu führen – zu einem Bundesexekutionskrieg kam es jedoch nicht, da Preußen sich in der Olmützer Punktuation Österreichs dominanter Rolle unterwarf. Während Württemberg 1850 in der „deutschen Frage" an der Seite des Kaiserstaates stand, war dies im Krim-Krieg (1853-1856) anders. Das Königreich entzog sich – wie auch die anderen Bundesmitglieder – der Aufforderung Österreichs, mit seinen Kontingenten mitzuwirken: es war schließlich eine Auseinandersetzung der großen

---

[93] Vollständige und ausführliche Geschichte der schleswig-holsteinischen Erhebung und des deutsch-dänischen Krieges, Zweiter Band: Von der Installierung der gemeinsamen Regierung im Oktober 1848 bis zum zweiten Waffenstillstand im Juli 1849, Altona 1855, S. 268. Die Verluste der Württemberger und Badener beliefen sich auf 2 Tote und 46 Verwundete, vgl. ebenda, S. 270. Das württembergische Bataillon unter der Führung von Major Stiefel hatte 11 Verwundete zu beklagen, vgl. Pfister, Denkwürdigkeiten, S. 493.

[94] Vgl. Sauer, Württembergisches Heer, S. 106-145.

[95] Vgl. generell Wolfram Siemann, Die deutsche Revolution von 1848/49, Frankfurt 1985 und Frank Lorenz Müller, Die Revolution von 1848/1849, Darmstadt 2002.

[96] Vgl. David E. Barclay, Preußen und die Unionspolitik 1849/1850, in: Gunther Mai (Hg.), Die Erfurter Union und das Erfurter Unionsparlament 1850, Köln u.a. 2000, S. 53-80.

Mächte Europas[97] und kein Bundeskrieg. Dennoch erfolgte aufgrund eines Beschlusses der Bundesversammlung vom Februar 1855 auch im südwestdeutschen Königreich die Mobilisierung der Truppen – allerdings wurden die notwendigen Maßnahmen gerade so durchgeführt, „wie sie das württembergische System ertrug, langsam und schleppend und ohne die Gefahr eines unmittelbar bevorstehenden Kriegsausbruchs"[98], weshalb im Herbst für viele Soldaten wieder „unbestimmter Urlaub" verfügt wurde.

Württembergs Neutralitätspolitik im Krim-Krieg eröffnete dem Königreich eine außenpolitische Vermittlerrolle beim Anbahnen des französisch-russischen Zwei-Kaiser-Treffens (Napoleon III. und Alexander II.) in Stuttgart Ende September 1857, bei dem die französische Seite sich vom durch den Krieg geschwächten Zarenreich dessen Neutralität bei einem Krieg Frankreichs gegen Habsburg in Oberitalien zusichern ließ.[99]

Als 1859 Piemont-Sardinien mit französischer Unterstützung in Oberitalien das zu Habsburg – nicht aber zum Deutschen Bund – gehörige Königreich Lombardo-Venetien angriff,[100] existierte zwar für den Bund kein *casus foederis* nach Artikel 47 der Wiener Schlussakte. Gleichwohl bat Österreich seine „Bündnispartner" um Unterstützung. Durch den schon längst bestehenden preußisch-österreichischen Dualismus und weil Preußen nicht die Absicht hatte, Österreich „Vasallendienste" zu leisten,[101] verzögerten Preußen und mit ihm die restlichen Mitglieder die seit Ende März begonnene Mobilisierung der Kader und Truppen so weit hinaus, bis der habsburgische Kaiserstaat militärisch bei Magenta (4. Juni 1859) und Solferino

---

[97] Vgl. Hermann Wentker, Zerstörung der Großmacht Rußland? Die britischen Kriegsziele im Krimkrieg (= Veröffentlichungen des Deutschen Historischen Instituts London, Bd. 30), Göttingen 1993 und W. E. Mosse: The Rise and Fall of the Crimean System 1855–1871. The Story of a Peace Settlement, London 1963.

[98] Vgl. Sauer, Württembergisches Heer, S. 164.

[99] Vgl. Sauer, Reformer auf dem Königsthron, S. 545-550.

[100] Vgl. Martin Prieschl, Der Weg nach Solferino – Die politischen Ursachen von 1859, in: ÖMZ 2/2010, S. 189-207.

[101] Vgl. Hencke, Heeresverfassung, S. 98.

(24. Juni 1859) bereits geschlagen war.[102] Die Truppen der Württemberger standen erst ab dem 20. Juni leidlich vorbereitet im Raum um Heilbronn und Öhringen.[103] Zusammen mit den weiteren Kontingenten ihres VIII. Korps und jenen des VII. (bayerischen) Korps sollten sie eine Beobachtungsarmee am Oberrhein bilden, bevor der Waffenstillstand von Villafranca am 11. Juli den militärischen Anstrengungen des Königreiches ein Ende bereitete.[104]

Selbst in Anbetracht dieser politisch bedingten Restriktionen war diese Mobilisierung des württembergischen Heeres im Sommer des Jahres 1859 nicht geeignet, die Feldeinsatztauglichkeit nachzuweisen.[105] In den fast drei Monaten der verschleppten Mobilisierung war das Fehl an Offizieren,[106] Unteroffizieren und Mannschaften trotz ad-hoc-Heraufstufungen in den Dienstgradgruppen eklatant – ganz abgesehen von der mangelnden „Kriegsreife" der unzureichend ausgebildeten Mannschaften.[107] Damit kulminierte ein absehbares Problem, das sich bereits seit 1840 andeutete.[108]

Wollte Württemberg in militärischer Hinsicht überhaupt noch eine wahrnehmbare Rolle spielen, so waren energische Reformen notwendig. Dies bezog sich nicht nur auf die organisatorische Neuausrich-

---

[102] Vgl. Richard Brooks, Solferino 1859. The Battle for Italy's Freedom, Oxford 2009.

[103] Vgl. Pfister, Denkwürdigkeiten, S. 498.

[104] Vgl. Johann-Christoph Allmayer-Beck, Politik und Kriegführung am Vorabend des Feldzuges von 1859, in: Einzelprobleme politischer und militärischer Führung, S. 53-67.

[105] Vgl. Sauer, Württembergisches Heer, S. 163-169. Dies galt im Kern für alle Verbände des Bundesheeres, vgl. Johann Christoph Allmayer-Beck / Erich Lessing, Die k.(u.)k. Armee. 1848-1914, München 1974, S. 55.

[106] Vgl. Karl Demeter, Das Deutsche Offizierkorps in Gesellschaft und Staat 1650-1945, 4. Aufl. Frankfurt/M. 1965, S. 48. Pfister, Denkwürdigkeiten, S. 498 beklagte gar: „Der ganz ungewöhnliche Bedarf an Offizieren mußte großentheils durch Herbeiziehung bürgerlicher *Elemente* gedeckt werden; das für kurze Zeit ins Leben gerufene Institut der Regimentskadeten (sic!) sollte weiteres *Material* liefern" (Hervorhebung durch Autor).

[107] Vgl. Herbert Hahn, Die württembergische Heeresentwicklung. Teil 3, in: Zeitschrift für Heereskunde 38 (1974), S. 21-32, hier S. 23.

[108] Vgl. Sauer, Württembergisches Heer, S. 97.

tung sowie die Rekrutierung und Ausbildung. Weniger dramatisch war der Reformbedarf bei der Artillerie. Seit der revidierten Bundeskriegsverfassung von 1854/55 umfasste das württembergische Artillerie-Regiment das I. Bataillon zu zwei reitenden Batterien, das II. Bataillon leichte Fußartillerie (6. und 7. Batterie), die je ausgestattet waren mit 4-6pfdgn. Kanonen und 2-7pfdgn. Haubitzen), das III. Bataillon schwere Fußartillerie (1. und 4. Batterie), ausgerüstet mit 2-12pfdn. Kanonen und 2-7pfdgn. Haubitzen sowie das (IV.) Festungsartilleriebataillon (2., 3. und 5. Batterie). Ausgestattet waren sie ab 1861 mit dem preußischen 9cm-Geschütz, weshalb einige Offiziere und Unteroffiziere auch zur Ausbildung nach Berlin kommandiert wurden.[109] Bei den Artillerieoffizieren herrschte generell die Ansicht vor, dass die gezogenen Kanonen für einen zweckgerichteten Einsatz im Gefecht keine unnötigen Positionswechsel vornehmen sollten.[110] Dadurch waren sie jedoch für eine dynamische Gefechtsführung und ein koordiniertes Zusammenwirken mit der Infanterie weniger geeignet – gleichwohl konnte die württembergische Armeeführung davon ausgehen, dass ihr Artillerieregiment den Herausforderungen moderner Kriegführung einigermaßen gewachsen war.[111]

Im Gegensatz dazu erhielt insbesondere die Frage nach der Bewaffnung der Infanterie, nach wie vor die Haupttruppengattung, neues Gewicht. Das württembergische Heer hatte bereits im Jahr 1854 begonnen, das 1849 vom französischen Offizier Claude Etienne Minié (1804-1879) konstruierte und nach ihm benannte Minié-Gewehr in der Königlich Württembergischen Gewehrfabrik (im ehemaligen Augustinerkloster in Oberndorf am Neckar) zu modifizieren und als Vereinsgewehr bzw. Infanteriegewehr 1857 mit Perkussionsschloss und einem Minié-Expansionsgeschoss vom Kaliber 13,9mm für die Infanterie einzuführen, was ab 1857 regimentsweise begann und bis

---

[109] Vgl. Hermann von Müller, Die Entwicklung der Feld-Artillerie in Bezug auf Material, Organisation und Taktik, von 1815 bis 1870, o.O. 1873, S. 183 und S. 193 sowie Sauer, Württembergisches Heer, S. 172.
[110] Vgl. Müller, Entwicklung Feld-Artillerie, S. 262.
[111] Vgl. Sauer, Württembergisches Heer, S. 157.

1861 nahezu abgeschlossen war.[112] Mit diesem Typ, von dem ca. 70.000 Stück produziert wurden, war Württemberg, das selbst 30.000 einführte, auch Hauptwaffenlieferant für das VIII. Korps – Baden und Hessen, seine Korpspartner, erhielten je 20.000 Exemplare.

Das Minié-Gewehr hatte im Krimkrieg durch seinen gezogenen Lauf seine Überlegenheit gegenüber den zuvor verwendeten Gewehren mit glattem Lauf eindrucksvoll unter Beweis gestellt. Gleichwohl war es noch immer ein Vorderladergewehr, d.h. die Soldaten mussten es im Stehen laden und waren so stärker feindlichem Infanteriefeuer – ohne Schutz – ausgesetzt. Das Infanteriegewehr von 1857 war die Grundlage für die Reiter- und Kavallerie- sowie Pionierkarabiner 1860 und jene bei Train und Sanität verwendeten Modelle von 1862. Die Jägerbüchse von 1860 hatte mit einem 75 Zentimeter langen Lauf – gegenüber den 50 Zentimetern bei den langen Standardgewehren – eine bessere Zielgenauigkeit zur Folge.[113] Gegenüber dem bereits seit 1839 erprobten und dann ab 1842 sukzessive bei den preußischen Truppen eingeführten Hinterlader- und Zündnadelgewehr vom Typ Dreyse erwies sich die in Württemberg hergestellte Infanteriebewaffnung jedoch bei Handhabung, Feuergeschwindigkeit und Zielgenauigkeit als deutlich schlechter.[114]

Dies blieb auch den württembergischen Militärs nicht verborgen. Bereits seit 1864 gab es Überlegungen, vom Minié-Gewehr auf modernere Hinterlader umzustellen. Insbesondere der General Julius von Hardegg (1810-1875), Bruder des späteren Kriegsministers und be-

---

[112] Vgl. Willi A. Boelcke, Handbuch Baden-Württemberg, Stuttgart 1982, S. 216 und Pfister, Denkwürdigkeiten, S. 499.

[113] Vgl. Hans Reckendorf, Die Württembergischen Handwaffen 1806-1870 (= Wehrtechnik und wissenschaftliche Waffenkunde, Bd. 9), Berlin 1993 und Udo Vollmer, Die Bewaffnung der Armeen des Königreichs Württemberg und des Großherzogtums Baden, Schwäbisch Hall 1981.

[114] Vgl. Dieter Storz, Modernes Infanteriegewehr und taktische Reform in Deutschland in der Mitte des 19. Jahrhunderts, in: Michael Epkenhans und Gerhard P. Groß (Hg.), Das Militär und der Aufbruch in die Moderne. Armeen, Marinen und der Wandel von Politik, Gesellschaft und Wirtschaft in Europa, den USA sowie Japan (= Beiträge zur Militärgeschichte, Bd. 60), München 2003, S. 209-230, hier 211f. sowie Rolf Wirtgen, Das Zündnadelgewehr. Eine militärtechnische Revolution im 19. Jahrhundert, Herford 1991.

rühmter Militärschriftsteller, hatte seit 1862 in seinen Vorlesungen zur Kriegsgeschichte auf die Vorteile dieser Waffen hingewiesen. Indes ließen die Verantwortlichen bei ihren Abwägungen zwischen verschiedenen Modellen zu viel Zeit verstreichen, weshalb die württembergischen Truppen 1866 – wie aber alle anderen Streitkräfte des Deutschen Bundes mit Ausnahme Preußens auch – mit einer veralteten Infanterie-Bewaffnung in den Krieg von 1866 zogen.[115]

Leichter als die Frage nach dem Hauptwaffensystem der Infanterie war deren Gliederung zu beantworten. Die Analyse der Schlachten des 1859er Krieges führte zu dem Schluss, dass nicht nur die Wuchtigkeit des massierten Infanterieansatzes von Bedeutung für den Erfolg in der Schlacht war;[116] vielmehr kam es fortan darauf an, neben der Stoßkraft der Kolonne und der Feuerkraft der entwickelten Linie insbesondere die leichteren Jäger verstärkt in die Gefechtsführung einzubinden. Deshalb haben die Württemberger bereits am 1. Juli 1859, also noch während des Krieges in Oberitalien und vor dem Rückmarsch in die Garnisonen, zunächst zwei Jägerbataillone aufgestellt,[117] denen dann am 30. Oktober 1865 ein drittes folgte. So verfügte vor Beginn des Krieges von 1866 zumindest jede der drei Feldbrigaden der württembergischen Division über ein Jägerbataillon, womit eine größere Flexibilität erreicht wurde.

Ihrer Ausbildung wurde großes Gewicht beigemessen und ihre deutlich erkennbare gefechtsnähere Ausbildung – im Vergleich mit der

---

[115] Vgl. Sauer, Württembergisches Heer, S. 172f.

[116] Vgl. Franz Felberbauer, Solferino und seine Folgen – Sadowa und Sedan, in: ÖMZ 47 (2009) 3, S. 293-304.

[117] Vgl. Pfister, Denkwürdigkeiten, S. 499 und Sauer, Württembergisches Heer, S. 171. Hierzu musste jedes Infanterieregiment eine Kompanie abgeben. Aus den acht Kompanien wurden dann die beiden ersten Jägerbataillone aufgestellt, so Pfister, Denkwürdigkeiten, S. 499 für die generelle Absicht. Detaillierter: Das 4. Infanterieregiment hatte für die Bildung des 1. Jägerbataillons z.B. drei Offiziere, einen Portepeekadetten und 205 Mannschaften abzugeben und für das 2. Jägerbataillon einen Offizier; für das sechs Jahre später aufgestellte 3. Jägerbataillon waren zwei Offiziere und 48 Mannschaften abzugeben; vgl. dazu: Müller, Geschichte des 4. Württembergischen Infanterie-Regiments No. 122, S. 116.

Linieninfanterie, die kaum geeignete Übungsplätze besaß[118] – war beispielhaft.[119] Aber selbst diese „Elite"-Verbände des württembergischen Heeres hatten mit personeller Desorganisation bzw. fehlenden finanziellen Mitteln zu kämpfen – wie wäre sonst zu erklären, dass im unmittelbaren Vorfeld des Krieges von 1866 beim 1. Jägerbataillon nicht einmal die Hälfte der vorgesehenen Unteroffizierdienstposten auch tatsächlich besetzt waren?[120] Zu wenige Unteroffiziere – als „Scharnier" zwischen Führung und Mannschaften – schwächten die Ausbildungsqualität wie auch das Vertrauen der Mannschaften in ihre Vorgesetzten, wenn auch diese aus „unbestimmtem Urlaub" im Zuge der Mobilisierung plötzlich in ihre fast schon vergessene Funktion (noch dazu bei drohendem Krieg!) beordert wurden.

Worauf es daher beim württembergischen Militär – und dem VIII. Korps insgesamt – ankam, war den an Militärfragen interessierten Politikern zu Beginn der 1860er Jahren durchaus bewusst, wie in einer Äußerung von Karl Freiherr von Varnbüler (1809-1889), dem späteren württembergischen Außenminister, deutlich wird: „Ich verweise hierbei unter anderem auf die Aufstellung stehender Korpskommandos, welche darauf zu halten befugt wären, daß gleichmäßige Bewaffnung, gleichmäßige Munition, gleichmäßige Erziehung der Offiziere, gleichmäßige Reglements, Signale, gleichmäßiges Sanitätswesen und dergleichen eingeführt werde, so daß, wenn wir einem raschen und energischen Feind entgegenzutreten bestimmt sein sollten, diejenigen Truppen, welche das Vaterland aus unseren Söhnen gebildet hat, *dem Feinde gegenüber geführt und nicht wehrlos zur Schlachtbank geliefert werden, weil sie nicht gut organisiert sind*"[121] – sicherlich grundsätzlich zeitlos und banal, gleichzeitig kurz vor dem 1866er Krieg (zu) prophetisch!

Die oberste Führung der Armee setzte hingegen auf „Äußerlichkeiten". Zur Steigerung des inneren Zusammenhalts der Truppen – den

---

[118] Vgl. Sauer, Württembergisches Heer, S. 172, der als Beispiele auch Baumalleen und Steinbrüche angibt, womit geradezu ein Zerrbild von einsatznahen Szenarien entstand.
[119] Dies attestierten sogar die „Militärpolitiker" im Landtag, vgl. Sauer, Württembergisches Heer, S. 171.
[120] Vgl. Sauer, Württembergisches Heer, S. 199.
[121] Zit. nach Sauer, Württembergisches Heer, S. 179f. Hervorhebung durch Autor.

Esprit de Corps als Selbstverständnis in seiner historisch-politischen Variante gemeinhin das „Traditionsverständnis" – hat König Karl am 19. Dezember 1864 einen Erlass verfügt und an die früher praktizierte Tradition der Verleihung von Traditionsnamen angeknüpft:
„In der Absicht, die früher bestandene Einrichtung der Benennung der Reiter- und Infanterieregimenter wieder ins Leben zu rufen, zugleich auch um ausgezeichnete militärische Verdienste in besonderer Weise zu ehren und zu belohnen, finde ich Mich bewogen, Folgendes zu verfügen:

1. Zum bleibenden Gedächtnis Meines verewigten Herrn Vaters, des Königs Wilhelm Majestät, sollen das 3. Reiter-Regiment und das 6. Infanterie-Regiment, welches unter der Regierung Königs Friedrich den Namen „Kronprinz" trugen, nunmehr den Namen „König Wilhelm" führen.

2. Dem 1. Reiter-Regiment und dem 5. Infanterie-Regiment will ich Meinen Namen, und dem 4. Reiter-Regiment, sowie dem 1. Infanterie-Regiment den Namen Meiner Gemahlin, der Königin Olga Majestät und Libden, verliehen haben.

3. Der Prinz Friedrich von Württemberg Königliche Hoheit und Libden wird zum Inhaber des 2. Reiter-Regiments und der Kriegsminister, Generalleutnant v. Miller, zum Inhaber des 4. Infanterie-Regiments gnädigst ernannt."[122]

Dieser neue Traditionsansatz, der alten Spuren resp. Gleisen folgte, wurde begleitet durch eine Veränderung der Uniformierung der Truppe. An die Stelle einreihiger Uniformenröcke und blauer Hosen traten zweireihige Uniformröcke mit dunkelgrauen Hosen; der Tschako wurde durch die Dienstmütze ersetzt.[123]

König Karl wollte in Schnitt und bei den Dienstgradabzeichen damit dem österreichischen Beispiel folgen. Natürlich könnte hier bereits eine „Parteinahme" für die Deutschlandpolitik des Kaiserstaates behauptet werden – indes sind Traditionsnamen und Uniformen nur bedingt als Maßnahmen zur dringend erforderlichen Steigerung der

---

[122] Zit. nach Wilhelm Gustav Philipp Julius Gleich, Die ersten 100 Jahre des Ulanen-Regiments König Wilhelm I. (2. Württemb.) Nr. 20, Stuttgart o.J., S. 144f.
[123] Vgl. Sauer, Württembergisches Heer, S. 174.

Einsatzreife zu interpretieren. Einzig die Überarbeitung des Infanterie-Exerzierreglements Anfang 1866 war als ein reformerischer Schritt zu werten, der jedoch in der Truppe nicht mehr ankam.[124] Es erscheint vielmehr höchst paradox und als ein Ausweis vollkommen ungenügender Realitätsnähe: Verleihung von Traditionsnamen, neue Uniformen, keine neuen Waffen, dafür aber – kurz vor Beginn des 1866er Krieges – ein Übereinkommen über Modalitäten der Verpflegung im VIII. Korps[125].

Tatsächlich aber sind diese „Reformen" der ersten beiden Jahre unter König Karl eine geradezu „logische Folge" sämtlicher Versäumnisse eines halben Jahrhunderts der Organisation des Wehr- und Kriegswesens des Königreiches in den Bereichen Außen-, Sicherheits- und Verteidigungspolitik, Wehrbeschaffung und Ausrüstung sowie der Führung der Truppen von der strategischen über die operative bis hin zur taktischen Ebene – und dies alles vor dem Hintergrund eines dramatisch veränderten Kriegsbildes.

IV. Das „Kriegsbild" am Vorabend des „deutschen Bruderkrieges"

Seit der Mitte des 19. Jahrhunderts hatte sich aufgrund neuer Möglichkeiten im Zuge der Industriellen Revolution – verstanden als Militärische Revolution – das Kriegswesen fundamental gewandelt: „Military revolutions (...) fundamentally change the framework of war (...) Military revolutions recast society and the state as well as military organizations. They alter the capacity of states to create and project military power. And their effects are additive."[126] Diese zeitunabhängige „Definition" lässt sich exemplarisch auf den Deutschen Bund und sein Militärwesen übertragen – allerdings als militärisches Beispiel für die Missachtung veränderter politischer, gesellschaftlicher und wirtschaftlicher Rahmenbedingungen!

---

[124] Vgl. Pfister, Denkwürdigkeiten, S. 499.
[125] Vgl. Sauer, Württembergisches Heer, S. 61.
[126] MacGregor Knox / Murray Williamson (Eds.), The Dynamics of Military Revolutions 1300-2050, Cambridge University Press 2001, S. 6-7.

Wechselseitige Verschränkungen und Abhängigkeiten führten neben einem rasanten Bevölkerungswachstum, der Verschiebung des wirtschaftlichen Schrittmachers zur beginnenden Industriegesellschaft, dem Ausbau von Verkehrs- und Eisenbahnnetzen zu einem wirtschaftlichen Produktionsanstieg. Vor diesem Hintergrund öffneten sich auch für das Militär neue Chancen für die Effizienzsteigerung „sur le terrain": Qualitätssteigerung und Verstärkung von Feuer- und Zerstörungskraft in der Waffentechnik bei Artilleriesystemen aus Gussstahl und der Infanteriebewaffnung, Nutzung der Eisenbahnlinien für schnelle Aufmärsche, Innovation beim Kommunikationswesen durch die Telegrafie und der Wandel zum modernen Massenheer der tatsächlich allgemeinen Wehrpflicht ohne Stellvertretung.[127]

Diese neuen strategischen Prämissen hatten Auswirkungen auf die operativen Faktoren Raum, Zeit, Information und Kraft[128]: Die Verkürzung des Raumes durch die Eisenbahn sowie die Beschleunigung der Zeit, aber auch der nutzbaren Informationsüberlegenheit durch die Telegrafie, erlaubten es, Truppen, Kriegsmaterial und Nachschub innerhalb kürzester Zeit – gegebenenfalls mit „tödlicher" Präzision planbar – an jeden durch die Eisenbahnlinien definierbaren Punkt zu bringen. Zeit- und Logistikvorsprung konnten bei überlegener Führung durch flexible Konzentration der Kräfte den militärischen Sieg auf dem Schlachtfeld „garantieren". Eine unterlassene und falsche Planungsarbeit, ein dilatorischer Aufbau von Eisenbahnlinien hingegen konnten in die Katastrophe führen. Grundsätzlich wurden hierdurch Besitz, systematischer Ausbau und Unterhalt eines Eisenbahnnetzes ab der Mitte des 19. Jahrhunderts zum militärstrategischen

---

[127] Vgl. zusammenfassend Bernd Jürgen Wendt, Einführende Bemerkungen (III. Militär und technologischer Wandel), in: Epkenhans / Groß (Hg.), Das Militär und der Aufbruch in die Moderne, S. 201-207.

[128] Vgl. u.a. und am Beispiel erläutert Carl-Gero von Ilsemann, Das operative Denken des älteren Moltke, in: MGFA (Hg.), Operatives Denken und Handeln in deutschen Streitkräften im 19. und 20. Jahrhundert (= Vorträge zur Militärgeschichte, Bd. 9), Herford 1988, S. 17-44 sowie Roland G. Foerster, Das Operative Denken Moltkes des Älteren und die Folgen, in: MGFA (Hg.), Operatives Denken bei Clausewitz, Moltke, Schlieffen und Manstein, Freiburg 1989, S. 19-42.

Rückgrat jeglicher militärischen Planung.[129] Damit wurde letztlich die militärische Schlagkraft eines Staates von seiner industriellen Leistungsfähigkeit stärker abhängig als von der bloßen Zahl seiner aufgestellten Truppen. Die industrielle Revolution war damit auch die Grundlage für eine Militärische Revolution.[130]

In summa bedeutet dies für die militärische Zukunft auf dem Schlachtfeld: Feuerkraft, Kadenz, Feuerdichte sowie Reichweite und Treffsicherheit nahmen zu[131] – zunächst jedoch nur bei den Preußen, die diese neuen Chancen für ein neues Kriegsbild adaptierten. Dadurch wurden Frontalangriffe der Infanterie, die noch dazu von der Artillerie auf Entfernung gehalten wurde, nahezu unmöglich. Dies erforderte auf taktischer Ebene die sukzessive Abkehr von geschlossenen Infanterieformationen hin zu beweglichen Kompaniekolonnen. Dies erhöhte wiederum die Verantwortung der taktischen Führer, gegebenenfalls hinunter bis zum einzelnen Soldaten, deren Selbstständigkeit im Gefecht eine neue Führungsphilosophie – eben das Führen mit Auftrag, verkürzt: die „Auftragstaktik"[132] – erforderte. Tatsächlich aber konnten alle diese neuen Möglichkeiten für die Kriegführung nur dann ihr gesamtes Potenzial entfalten, wenn es – erstens – aufgeschlossene und lernwillige Spitzenmilitärs gab, die –

---

[129] Dies gilt insbesondere für den preußischen Feldzug von 1866, vgl. dazu statt vieler bereits Dennis Showalter, The Influence of Railroads on Prussian Planning for the Seven Weeks' War, in: Military Affairs 38 (1974) 2, S. 62-67 sowie Burkhard Köster, Militär und Eisenbahn in der Habsburgermonarchie 1825-1859 (= Militärgeschichtliche Studien, Bd. 37), München 1999 und Klaus-Jürgen Bremm, Von der Chaussee zur Schiene. Militärstrategie und Eisenbahnen in Preußen von 1833 bis zum Feldzug von 1866 (= Militärgeschichtliche Studien, Bd. 40), München 2005.

[130] Vgl. hierzu in historischer Perspektive Eberhard Birk, Die oranische Heeresreform als archimedischer Punkt für die neuzeitliche Kriegskunst, in: ÖMZ 47 (2009) 4, S. 437-448.

[131] Vgl. Karl von Elgger, Die Kriegsfeuerwaffen der Gegenwart. Ihr Entstehen und ihr Einfluß auf die Taktik der Infanterie, Artillerie und Reiterei, Leipzig 1868.

[132] Vgl. Stephan Leistenschneider, Auftragstaktik im preußischdeutschen Heer 1871 bis 1914, Hamburg u.a. 2002, S. 40-55. Der Begriff wurde indes von einem württembergischen General geprägt, vgl. Gerhard Hümmelchen, Otto von Moser. Ein württembergischer General, in: Wehrwissenschaftliche Rundschau 6/1982, S. 196-202, hier S. 198.

zweitens – fähig waren, den traditional-konservativen Beharrungskräften die militärischen Vorzüge der neuen Optionen verständlich zu machen, und die – drittens – in der Lage waren, ihre Synergieeffekte durch die Bildung einer Doktrin zu entwickeln sowie – viertens – einen militärischen Erfolg zu generieren.[133]

Die Kontingente des „dritten Deutschland", die sich über Jahrzehnte vornehmlich auf den Einsatz im Inneren konzentrierten, waren jedoch aus wirtschaftlichen und finanziellen Gründen, aber auch einer in weiten Teilen ihrer Offizierkorps verbreiteten traditional orientierten Mentalität nicht in der Lage, jene Möglichkeiten zu nutzen, die die Industrielle Revolution als eine Militärische Revolution (ge)bot. Auf keinem dieser Terrains militärischer Modernisierung spielten die Streitkräfte Württembergs eine Rolle – wohl aber die „Militärmonarchie" Preußen. Während sich Preußen – pointiert formuliert – auf einen Systemwechsel fokussierte,[134] laborierten die württembergischen Militärs an den dysfunktionalen Auswüchsen eines überholten Systems.

Andererseits spiegeln die Missstände in den süddeutschen Armeen auch die grundsätzliche Vagheit auf politischer Ebene wieder. Durch eine stets weiter politischen Raum gewinnende „nationale Gefühlslage" im Zuge einer „kulturellen Nationsbildung" auch in Süddeutschland[135] stellte sich für manche Regierung und die Abgeordneten seit geraumer Zeit die Frage, wofür Streitkräfte überhaupt noch vorzuhal-

---

[133] Vgl. in Grundzügen Wolfgang Peischel, Geistesgeschichtliche Grundlagen operativer Führung im deutschsprachigen Raum, in: ÖMZ 40 (2002) 5, S. 547-560.

[134] Vgl. Joachim Hoffmann, Wandlungen im Kriegsbild der preußischen Armee zur Zeit der nationalen Einigungskriege, in: Militärgeschichtliche Mitteilungen 3 (1968) 1, S. 5-33.

[135] Vgl. Dieter Langewiesche, Kulturelle Nationsbildung im Deutschland des 19. Jahrhunderts, in: ders., Nation, Nationalismus, Nationalstaat in Deutschland und Europa, München 2000, S. 82-102 und insgesamt Heinrich Lutz, Die Deutschen und ihre Nation. Zwischen Habsburg und Preußen: Deutschland 1815-1866, Berlin 1985; Harm-Hinrich Brandt, Deutsche Geschichte 1850-1870. Entscheidung über die Nation, Stuttgart 1999; Jürgen Müller, Deutscher Bund und deutsche Nation 1848-1866, Göttingen 2005 sowie Wolfram Siemann, Gesellschaft im Aufbruch. Deutschland 1849-1871, Frankfurt/M. 1990 und Ludwig Bentfeldt, Der Deutsche Bund als nationales Band 1815 bis 1866, Göttingen, Frankfurt/M., Zürich 1985.

ten seien. Die „internationale" Lage hielt ohnehin nur wenige realistische Einsatzszenarien bereit: ein Krieg Preußens oder Österreichs gegen Russland, ein Krieg Österreichs gegen das neue Italien oder aber ein Bundeskrieg gegen Frankreich. Für alle Szenarien waren jedoch weder die württembergischen oder die anderen Kräfte des „Dritten Deutschlands" von entscheidender Relevanz. Sie konnten de facto realistisch nur Auxiliartruppen der Preußen oder Österreicher sein. Ihr Blutzoll würde sich nicht in politischen Gewinnen niederschlagen können.

Dass es zu einem machtpolitischen Showdown zwischen Mitgliedern des Deutschen Bundes kommen könnte, stand erst seit Otto von Bismarcks (1815-1898) Antritt als preußischer Ministerpräsident im September 1862 zunächst nur als latente Möglichkeit und seit 1864 nach dem deutsch-dänischen Krieg als reale Option in Aussicht. Zur Schaffung ausreichender militärischer Kapazitäten war dieser Zeitraum indes viel zu kurz. Strukturelle Fehlentwicklungen lassen sich nicht ad hoc revidieren. Selbst die preußische Militärmonarchie benötigte Jahre und dann einen Bismarck, um die Militärreform des preußischen Generals und Kriegsministers Albert von Roon (1803-1879) so auf den Weg zu bringen, damit am Ende eine feldeinsatztaugliche Armee entstehen konnte.[136]

Die pazifistische Grundhaltung und die politische Kultur der süddeutschen Staaten ließen die Effizienz zur Schaffung einer der preußischen Armee vergleichbaren Streitkraft nicht zu. Insofern waren die für das Militär bewilligten Gelder lediglich ein Beitrag für die Aufrechterhaltung des Revuecharakters süddeutscher Armeen im restaurativen Biedermeier-Zeitalter, das über die Mitte des 19. Jahrhunderts hinaus prolongiert worden war – nicht für den Einsatz im Krieg als vielmehr für die Erhaltung der inneren, „von Gott gewollten" monarchischen Souveränität. Der Krieg von 1866 hingegen stellte die politische und militärische „Systemfrage".

---

[136] Vgl. Dierk Walter, Preußische Heeresreformen 1807-1870. Militärische Innovation und der Mythos der „Roonschen Reform" (= Krieg in der Geschichte, Bd. 16), Paderborn 2003.

V. Politische und strategische Voraussetzungen des Krieges von 1866

Im deutsch-deutschen Krieg von 1866, der im Kern ein Krieg Preußens gegen den Deutschen Bund war, ging es um die gewaltsame Lösung des preußisch-österreichischen Dualismus, die von Bismarck bereits 1853 während seiner Zeit als Gesandter beim Deutschen Bund in Frankfurt undiplomatisch markant formuliert wurde: „Wir atmen einer dem anderen die Luft vor dem Munde fort, einer muß weichen oder vom anderen ‚gewichen werden', bis dahin müssen wir Gegner sein."[137] Die (gewollten) Friktionen bei der gemeinsamen preußisch-österreichischen Verwaltung der durch den deutsch-dänischen Krieg von 1864[138] erworbenen Territorien Schleswig und Holstein dienten hierfür nur als Anlass für den vom Königreich Preußen intendierten und initiierten Waffengang, dessen Grund der Generalstabschef der preußischen Armee, General Helmuth von Moltke (1800-1891), rückblickend nüchtern, leidenschaftslos und ungeschminkt auf den Punkt brachte: „Es war ein im Kabinet als nothwendig erkannter, längst beabsichtigter und ruhig vorbereiteter Kampf nicht für Ländererwerb, Gebietserweiterung oder materiellen Gewinn, sondern für ein ideales Gut – Machtstellung."[139]

Die für Preußen hierfür notwendige militärische Führungsleistung war immens: In einem beinahe 500 Kilometer weiten Bogen standen die von Moltke zu dirigierenden preußischen Kräfte von der Aller im

---

[137] Bismarck 1853 in einem Brief an Ludwig Friedrich Leopold von Gerlach, einen engen Vertrauten des preußischen Königs Friedrich Wilhelm IV., zit. nach Theo Schwarzmüller, Otto von Bismarck, München 1998, S. 46.

[138] Vgl. statt vieler Jan Ganschow / Olaf Haselhorst / Maik Ohnezeit, Der Deutsch-Dänische Krieg 1864. Vorgeschichte – Verlauf – Folgen, Graz 2013 und Winfried Vogel, Entscheidung 1864, das Gefecht bei Düppel im Deutsch-Dänischen Krieg und seine Bedeutung für die Lösung der deutschen Frage, Bonn 1996.

[139] Helmuth von Moltke, Geschichte des deutsch-französischen Krieges von 1870-71 nebst einem Aufsatz „über den angeblichen Kriegsrath in den Kriegen König Wilhelms I." (= Gesammelte Schriften und Denkwürdigkeiten des General-Feldmarschalls Grafen Helmuth von Moltke, Band 3), Berlin 1891, S. 426.

Westen bis zur Neiße im Osten.[140] Diese Dislozierung war deshalb notwendig geworden, da der deutsche „Bruderkrieg" eben nicht nur ein Krieg zwischen Preußen und Österreich war, sondern vielmehr in erster Linie ein Krieg des Deutschen Bundes gegen Preußen resp. gerade umgekehrt. Und auch diese „Reduktion" auf die potentiellen Kriegstheater im böhmisch-österreichischen Raum gegen die Truppen der Habsburgermonarchie sowie jene des „restlichen" Deutschen Bundes waren nur ein Teil eines zu beachtenden zentraleuropäischen Kräftefeldes. So waren, da machtpolitische Veränderungen im Zuge gewaltsamer Lösungen der „deutschen Frage" in Zentraleuropa stets auch eine „europäische Frage" darstellten, mögliche Interventionen des russischen Zaren- und französischen Kaiserreiches nach Möglichkeit grundsätzlich politisch-diplomatisch abzuwenden; gleichwohl waren für den Fall der Fälle gleichzeitig auch militärische Eventualplanungen vorzunehmen.

Diese wurden jedoch durch die internationale Lage wie auch die Diplomatie Bismarcks geradezu überflüssig[141]: Zwar bestanden dynastische Verbindungen des Zarenhauses nach Darmstadt und Stuttgart, beides Gegner von Preußen, indes gaben allgemeine politische Erwägungen den Ausschlag für die russische „Neutralität": Preußen hatte in der Konvention von Alvensleben 1863 die russische Unterdrückung Polens „respektiert"[142], während Österreich die Politik des Zarenreiches kritisierte;[143] auch war die Frontstellung des Kaiserreiches im Krim-Krieg nicht vergessen.[144] Der französische Kaiser Napoleon

---

[140] Vgl. Trevor N. Dupuy, Der Genius des Krieges. Das deutsche Heer und der Generalstab 1807-1945, 2. Aufl. Graz 2011, S. 115.

[141] Vgl. Winfried Baumgart, Bismarck und der deutsche Krieg 1866 im Lichte der Edition von Band 7 der „Auswärtigen Politik Preußens", in: Historische Mitteilungen 20 (2007), S. 93-115.

[142] Vgl. Karl-Ernst Jeismann, Polen im europäischen Mächtesystem des 19. Jahrhunderts. Die „Konvention Alvensleben" 1863, Frankfurt/M. 1994.

[143] Vgl. Hans-Werner Rautenberg, Der polnische Aufstand von 1863 und die europäische Politik im Spiegel der Diplomatie und der öffentlichen Meinung, Wiesbaden 1979.

[144] Vgl. Bernhard Unckel, Österreich und der Krimkrieg. Studien zur Politik der Donaumonarchie in den Jahren 1852-1856 (= Historische Studien, H. 410), Lübeck, Hamburg 1969.

III. wurde von Bismarck durch das Andeuten eines territorialen Entgegenkommens bei „Kompensationen" (Luxemburg) von einem aktiven Eingreifen in den Krieg abgehalten.[145] Insbesondere der Vertrag Preußens mit Piemont vom 8. April 1866 – ein Verstoß Preußens gegen die Artikel II und III des Bundesvertrages – bereitete Österreich eine „zweite Front",[146] gefolgt von geheimen Absprachen zur Errichtung einer „inneren", ungarischen „Front".[147]

Sehr viel „einfacher" waren dagegen die politisch-strategischen Überlegungen der deutschen Mittel- und Kleinmächte. Während jene Kleinstaaten in unmittelbarer Nähe zu Preußen hinsichtlich ihres Verhaltens keine Wahl hatten, entschieden sich jene Mächte, die Truppensteller für die Korps des Bundesheeres waren, sämtlich für die Bundestreue und damit gegen Preußen. Auch für die politische Positionierung Württembergs in der Auseinandersetzung ergab sich ein „klares" Lagebild: König Karl, die Mehrheit der Stände sowie große Teile des Volkes waren eher „großdeutsch" gesinnt, d.h. aufseiten Österreichs – nicht zuletzt auch aufgrund alter „Reichstradition".[148]

Trotz der seit dem Frühjahr 1866 offensichtlichen Tendenz zu einem preußisch-österreichischen Waffengang „überraschte der Ausbruch des Krieges alle süddeutschen Staaten, bevor sie schlagfertig waren."[149] Während die preußische Armee zumindest für ihren beabsichtigten „Hauptkriegsschauplatz" in Böhmen einen konzis ausgearbeiteten Eisenbahnaufmarschplan hatte und auch die Österreicher wuss-

---

[145] Vgl. Thomas Nipperdey, Deutsche Geschichte 1800-1866. Bürgerwelt und starker Staat, München 1983, S. 687-790.

[146] Vgl. Geoffrey Wawro, The Austro-Prussian War. Austria's war with Prussia and Italy in 1866, Cambridge Univ. Press 1996.

[147] Vgl. Hans Rothfels, Bismarck, der Osten und das Reich, Darmstadt 1960, S. 117-125.

[148] Vgl. Eberhard Gönner, König Karl (1864-1891), in: Uhland, 900 Jahre Haus Württemberg, S. 328-340, hier S. 331. Nicht umsonst war das Königreich Württemberg der letzte deutsche Staat, der dem neuen deutschen Kaiserreich am 25. November 1870 beitrat.

[149] Der Feldzug von 1866 in Deutschland. Hg. v. Kriegsgeschichtliche Abteilung des großen Generalstabes, Berlin 1867, S. 566.

ten, was ihnen bevorstand, konnte der „Rest" des Deutschen Bundes dem nichts gegenüber stellen.

Dessen politischen und militärischen Einrichtungen verfolgten fast einen Monat ihren – man ist versucht zu sagen: partikularistisch-„sozialistisch" umständlichen – vorgesehenen „Geschäfts"-Gang.[150] Vor diesem Hintergrund – es klingt geradezu zynisch – legte nach zweiwöchiger Beratung die Bundesmilitärkommission am 1. Juli ein Gutachten vor, in dem erkannt wurde – de facto nach einem halben Jahrhundert –, dass es die knappe Zeit im Kriege erforderlich mache, die Rechte der Bundesversammlung in militärischen Angelegenheiten in Form einer Generalvollmacht auf den Militärausschuss des Bundes zu delegieren, der damit Ansprechpartner des Bundesfeldherrn sein sollte.[151]

Immerhin stand dieser zu diesem Zeitpunkt schon fest: am 28. Juni wurde nominell der Oberbefehlshaber des VII. (bayerischen) Korps, der bereits 71jährige Karl Prinz von Bayern (1795-1875), als Oberbefehlshaber der beiden süddeutschen Korps inthronisiert.[152]

Beim VIII. Korps war die Besetzung des Oberkommandierenden schwieriger: Der württembergische Prinz Friedrich (1808-1870), ein Cousin des Königs, wäre es gerne geworden[153]; Baden, das ohnehin widerwillig der Mobilisierung folgte – Großherzog Friedrich I. (1826-1907) war Schwiegersohn des preußischen Königs Wilhelm I. (1797-1888), sein die badischen Truppen dann kommandierender jüngerer Bruder Prinz Wilhelm von Baden (1829-1897) selbst bis 1863 preußischer Offizier mit deutschnationalen Hoffnungen[154] –, wollte dies nicht akzeptieren. Die Kommandogewalt über das südwestdeutsche VIII. Korps wurde daher am 16. Juni dem Prinzen Alexander von

---

[150] Vgl. Keul, Bundesmilitärkommission, S. 210.
[151] Vgl. Keul, Bundesmilitärkommission, S. 213f. Wie wenig Zeit der Bundesfeldherr zur Bestätigung dieses Arrangements in Kriegszeiten hatte, wird daraus deutlich, dass er es erst am 9. Juli bestätigte.
[152] Zu ihm als Feldherr in diesem Krieg vgl. Eugen von Frauenholz, Die Heerführung des Feldmarschalls Prinz Carl von Bayern im Feldzug von 1866, München 1925.
[153] Vgl. hierzu Sauer, Württembergisches Heer, S. 186f.
[154] Vgl. Sauer, Württembergisches Heer, S. 189f.

Hessen und bei Rhein (1823-1888) übertragen. Er galt aufgrund seiner militärischen Erfahrung als überaus geeignet.[155] Auch diplomatisch war er eine gute Wahl, konnten doch einem „Hessen", zumal in österreichischen Diensten, keinerlei zu betonten Machtinteressen unterstellt werden.

Umgehend wandte sich der Generalleutnant mit einem Tagesbefehl an seine Truppen: „Kameraden des 8. Bundes-Armeekorps! Durch den Beschluß Eurer Kriegsherren zum Oberbefehlshaber des 8. Bundes-Armeekorps ernannt, habe ich dieses Kommando mit heutigem Tage übernommen. Vertrauend blicke ich auf Euch, Württemberger, Badenser, Hessen und Nassauer, und heiße mit Euch die braven österreichischen Kameraden willkommen, die demnächst in den Verband des Armeekorps treten sollen. Was immer die Zukunft uns bringen mag, sie wird uns festen Herzens, einigen Sinnes finden, und sei die Aufgabe noch so schwer: ‚Wir wollen und werden sie lösen in Zuversicht auf Gott, auf deutschen Mannesmuth und Deutschlands gute Sache.' Nochmals heiße ich Euch von Herzen willkommen."[156]

Seine „Ehrenstellung" indes wurde kontrastiert von einer fast unzumutbaren Aufgabe: fast genau solange wie 1859 – wenn auch trotz nicht ausbleibender „Kuriositäten"[157] etwas reibungsloser – dauerte die Mobilisierung der württembergischen Armee. Sämtliche Koalitionspartner im VIII. Korps waren schneller. Der Feldzug begann also, ehe die Württemberger ihr Soll erfüllt hatten.[158] Die schleppende Mo-

---

[155] Der spätere „Fürst von Battenberg" begann seine militärische Karriere in hessischen, dann russischen Diensten, war ab 1842 Generalmajor und kämpfte 1845 im Kaukasus, wenige Jahre später war er Offizier in der österreichischen Armee, kämpfte bei Solferino 1859 und wurde zum Feldmarschalleutnant befördert, vgl. Fontane, Der deutsche Krieg von 1866, S. 159 und Oscar Criste, Alexander, in: Allgemeine Deutsche Biographie (ADB), Band 45, Leipzig 1900, S. 750f. Eine wissenschaftlich-kritische Biographie zu ihm existiert nicht.

[156] Zit. nach H.v.B., Der deutsche Krieg im Jahre 1866: Nach den bis jetzt vorhandenen Quellen von H.v.B. Mit 6 Portraits, 2 Karten, 3 Beilagen und der vollständigen Ordre de bataille der preußischen, österreichischen, sächsischen, hannoverschen und westdeutschen Armee, Elbing 1867, S. 266.

[157] Vgl. Keul, Bundesmilitärkommission, S. 212.

[158] Stuart Sutherland, The Organization of the German State Forces in 1866, Dorchester, Dorset 2010, S. 86f. macht für alle Infanterieverbände zu Kriegsbeginn –

bilisierung in Württemberg wurde insbesondere dem Kriegsminister Generalleutnant Karl Freiherr von Wiederhold (1809-1885) angelastet. Zu seiner „Ehrenrettung" ist jedoch anzuführen, dass er vertrauliche Informationen über den Einsatzwert der österreichischen Armee besaß, daher einen preußischen Sieg annahm und sein Königreich vor einer Katastrophe retten wollte.[159] Er wurde gleichwohl bereits Anfang Mai 1866 als „Sündenbock" entlassen und ist durch Generalleutnant Oskar von Hardegg (1815-1877) ersetzt worden, der die Mobilisierung beschleunigte.

Dessen unter seinem Kommando stehenden württembergischen Truppen (1. Div.) bildeten fortan – wie vorgesehen – zusammen mit badischen (2. Div.), großherzoglich-hessischen (3. Div.) und österreichisch-nassauischen[160] Verbänden (4. Div.) das VIII. Bundes-Armee-Korps. Die Hinzuziehung des letzten Kontingents geschah auf ausdrücklichen Wunsch des Prinzen Alexander, der – aufgrund seiner Einsicht in den Zustand der anderen Kontingente seines Korps – für seinen Großverband einen Stabilitätsanker in Form erfahrener Truppen haben wollte.[161] Als österreichischer Offizier kannte er zudem wohl auch einige der Offiziere der österreichischen Truppen – ganz im Gegensatz zu den restlichen, ihm unterstellten Offizieren: „In dem ganzen buntscheckigen Hauptquartier des Armeekorps befand sich

---

ohne Quellennachweis – im Vergleich zur Nominalstärke stark unterschiedliche Angaben bei Offizieren, Unteroffizieren und Mannschaften. Deren Montur war dergestalt, dass die Württemberger in Uniform als „Wüschtenberger" selbst von den Soldaten ihrer badischen und hessischen Koalitionspartner der Lächerlichkeit preisgegeben wurden, vgl. Pfister, Deutsche Zwietracht, S. 136.

[159] Vgl. Fritz E. Hellwag, Varnbüler und die deutsche Frage 1864-66 (= Darstellungen aus der württembergischen Geschichte, Bd. 25), Stuttgart 1934, S. 42.

[160] Zur Militärgeschichte Nassaus vgl. G. Müller-Schellenberg / W. Rosenwald / P. Wacker, Das herzoglich-nassauische Militär 1806-1866. Militärgeschichte im Spannungsfeld von Politik, Wirtschaft und sozialen Verhältnissen eines deutschen Kleinstaates, Taunusstein 1998.

[161] Wolfgang Menzel, Der deutsche Krieg im Jahr 1866, in seinen Ursachen, seinem Verlauf und seinen militärischen Folgen, Bd. 2, Stuttgart 1867, S. 39: „Als ein Cement, welches die heterogenen Bestandtheile des 8. Armeecorps besser zusammenhalten sollte, schickte Oesterreich eine Division von 12.000 M. unter dem Feldmarschall-Lieutenant Grafen von Neipperg".

kein einziger Mann meiner Wahl: von dem Chef des Generalstabs bis herab zum jüngsten Leutnant waren mir alle oktroyiert worden, und ich erfuhr ihre Namen erst, als sie ihr Amt antraten."[162]

Die Aufgabe des Prinzen von Hessen war darüber hinaus eine mehr als schwierige: Zu Beginn des Krieges am 14. Juni 1866 waren die Truppen des VIII. Korps im Mobilisierungsprozess, die Truppensteller, die Bundeshauptstadt Frankfurt inbegriffen, hatten Angst vor einem preußischen Angriff auf ihre Territorien; der österreichische Kaiserstaat erhoffte sich, nachdem Bayern keine Truppen für den böhmischen Kriegsschauplatz stellte, eine Offensive nach Nordosten, um nachfolgende preußische Truppen zu binden.[163] Tatsächlich aber wäre bei einer bayerischen Unterstützung auf dem böhmischen Kriegsschauplatz das Kräftedispositiv der verbliebenen Truppen des VIII. Korps in (Süd-) Westdeutschland viel zu schwach gewesen, um mit Aussicht auf Erfolg den preußischen Truppen standzuhalten.

Auch mochte es eine Rolle gespielt haben, dass das bayerische Selbstverständnis als souveräner – mittelgroßer – Akteur und das persönliche adelige des Prinzen Karl von Bayern, sich einem „bürgerlichen" Oberbefehlshaber der habsburgischen Nordarmee, Feldzeugmeister

---

[162] Alexander von Hessen-Darmstadt, Feldzugs-Journal des Oberbefehlshabers des 8ten Bundes-Armee-Corps im Feldzuge des Jahres 1866 in Westdeutschland, Darmstadt/Leipzig 1867, S. 40. Memoiren von Feldherren unterliegen generell einem gewissen Vorbehalt, da sie oftmals der Selbstrechtfertigung dienen, vor allem, wenn die Führungsleistung (nach einem verlorenen Feldzug) in der Kritik stand. So war es auch bei Prinz Alexander. Indes sind seine Erläuterungen unmittelbar nach Beendigung des Krieges von 1866 entstanden und geben einen – unverzichtbaren – Einblick in dessen Wahrnehmung im Spannungsfeld von Politik, militärischer Operationsführung und Verantwortung als Oberbefehlshaber eines aus unterschiedlichen Kontingenten bestehenden Armeekorps. Dass er dabei andere Prioritäten setzte als die Offiziere seines Korps, die – ihrer jeweiligen dynastischen Loyalitäten wegen – manch andere Eindrücke hatten, ist evident. Der Quellenwert seiner Darstellung wird dadurch nicht beeinträchtigt.

[163] Vgl. zu den Planungen unmittelbar vor Kriegsbeginn Frauenholz, Heerführung, S. 27-30. Es ist hier natürlich auch denkbar, dass Österreich deshalb auch auf die Nominierung des Prinzen als OB des VIII. Korps bestand, damit dieser entsprechende Absichten gegebenenfalls auch förderte. Die Dynamik auf dem südwestdeutschen Kriegstheater ließ dies aber nicht zu, selbst wenn Prinz Alexander daran gedacht haben mochte.

Ludwig Ritter von Benedek (1804-1881), zu unterstellen,[164] dies nicht zuließ. Gleichwohl wurden die Verzögerungen bei der Mobilmachung des „westdeutschen" Großverbandes aus den Truppen des VII. und VIII. Korps ebenfalls von einem Führungsproblem überlagert. Neben unterschiedlichen Interessen im Rahmen der Koalitionskriegführung war die Beziehungsebene der beiden Kommandierenden spannungsgeladen. Möglicherweise spielten auch „Standesdifferenzen" eine gewisse Rolle, stammte doch Prinz Karl aus dem ältesten, noch regierenden deutschen Fürstengeschlecht.[165]

Der Wittelsbacher Prinz betrachtete den Prinzen von Hessen-Darmstadt und dessen VIII. Korps als Anhängsel seines bayerischen Korps[166], dieser missachtete ihm unpassend erscheinende Befehle seines ihm als Bundesfeldherrn vorgesetzten Gesamtverantwortlichen und verfolgte – als erfahrener Truppenführer – eigene Operationspläne. Darüber hinaus war Karls Chef des Generalstabes, der bayerische Generalleutnant Ludwig Freiherr von und zu der Tann-Rathsamhausen (1815-1881), für diese Funktion in diesem Krieg nur bedingt eine gute Wahl, da er nicht nur um die Schwächen der süddeutschen Truppen wusste, sondern ihn als „Bruderkrieg" aus grundsätzlichen Erwägungen ablehnte.

Hinzu kam, dass es in der Realität geradezu eine immanente Bedingung der Koalitionskriegführung war, dass die Kommandeure der einzelnen Kontingente eben auch Instruktionen ihrer Souveräne „im Marschgepäck" mitführten.[167] Auch der Generalstabschef des VIII. Armeekorps, der württembergische Generalleutnant Fidel von Baur-Breitenfeld (1805-1882), erhielt am 27. Juni bereits die Vollmacht, die Truppen des Königreiches aus dem Verband des VIII. Korps zu lösen, wenn er mit den Befehlen seines Kommandierenden Generals,

---

[164] Vgl. Frauenholz, Kriegführung, S. 29 und S. 33 sowie Menzel, Der deutsche Krieg im Jahr 1866, Bd. 2, S. 58.
[165] Vgl. Menzel, Der deutsche Krieg im Jahr 1866, Bd. 2, S. 58.
[166] Vgl. Gruner, Bayerisches Heer, S. 249.
[167] Der Kommandeur der württembergische Division, Generalleutnant Oskar von Hardegg, besaß eine Vollmacht, die ihn vom Korpskommando „unabhängig" machte; vgl. Frauenholz, Heerführung, S. 35 sowie als Zusammenfassung allgemein ders., Heerführung, S. 47.

Prinz Alexander von Hessen, nicht einverstanden sei.[168] Dynastische Loyalitäten überlagerten folglich meist die allgemeine Zielsetzung der Koalition – mit Auswirkungen auf die operative Führung einer „Allianzarmee".

Bereits der Beginn des Feldzuges war davon geprägt: Die Befehlshaber der beiden süddeutschen Korps konnten sich am 26. und 27. Juni bei einem Treffen nicht darauf einigen, in welche Richtung zur Unterstützung des X. Korps zu marschieren war.[169] Aber auch diese Episode blieb Spiegelfechterei: Als die Preußen nach der Schlacht bei Langensalza am 27. Juni das X. Korps am 29. Juni zur Kapitulation gezwungen hatten und auf dem nordböhmischen Kriegsschauplatz kurz vor „Königgrätz" (3. Juli) standen, waren das VII. und VIII. Korps erst mit der Masse ihrer Truppen (30. Juni) marsch- nicht jedoch kriegsbereit. Insbesondere die ersten beiden Juli-Wochen – nicht zuletzt auch vor dem Hintergrund einer vollkommen unzulänglichen Mobilisierung – zeigten die Probleme politischer und militärischer Abstimmung.[170] Aber 1866 war kein 1859, als die süddeutschen Staaten damit rechnen konnten, dass sie „der Krieg" nicht erreichen würde.

Gleichwohl schlug parallel zur schleppenden Mobilisierung die „öffentliche Meinung" in einen unglaublichen pro-württembergischen und anti-preußischen Patriotismus um, der ohne Blick auf die Realität der unzureichenden Gefechtsbereitschaft der Armee zum Glauben an einen „vierzehntägigen militärischen Spaziergang nach Berlin"[171] führte. Dieser überzogene Enthusiasmus sprang auch auf die Soldaten des VIII. Korps über und fand seinen Niederschlag in deren „Marschresp. Kriegslied": „Das achte Korps, das schlägt sich wie ein Mann! / Der Prinz Alexander, der führt es muthig an. / Er führt uns gerade nach Berlin hinein, / Da fangen wir vor allem den Bismarck ein."[172]

---

[168] Vgl. Sauer, Württembergisches Heer, S. 191.
[169] Vgl. Frauenholz, Heerführung, S. 42f.
[170] Vgl. Menzel, Der deutsche Krieg im Jahr 1866, Bd. 2, S. 40f.
[171] Sauer, Württembergisches Heer, S. 188.
[172] Zit. nach Theodor Fontane, Der deutsche Krieg von 1866, Bd. II: Der Feldzug in West- und Mitteldeutschland (= Reprint der Originalausgabe [Berlin 1871]), Düsseldorf, Köln 1979, S. 161.

VI. Der Feldzug von 1866 in Süddeutschland

Aufgrund der Nähe zu Preußen hatte sich zunächst das X. Korps mit der „lead-nation" Hannover der preußischen Armee zu stellen. Das IX. Korps – Sachsen mit seinen Verbündeten – machte sich auf den Weg, um dem Kaiserstaat in Böhmen zur Seite zu stehen. Die beiden süddeutschen Korps hatten mehr Zeit und nutzten diese vorwiegend für lange und im Endeffekt nicht funktionierende Abstimmungsprozesse zwischen Partikularismus und Unfähigkeit.

Nach der Kapitulation des X. Korps am 29. Juni bei Langensalza – trotz des am 27. Juni 1866 erzielten „Achtungserfolges" gegen preußische Truppen – zogen die daraufhin umgruppierten und mit dem das Operationsziel angebenden Namen „Mainarmee" versehenen preußischen Garnisons- und Landwehrtruppen in einer nominellen Stärke 45.000 Mann unter dem Oberbefehl des Generals Eduard Vogel von Falckenstein (1797-1885) weiter auf den südlichen Kriegsschauplatz vor.

Vor der Mainarmee standen das VII. und VIII. Korps des Deutschen Bundes. Die Uneinigkeiten in Fragen der operativen Absicht, die zwischen den Prinzen Alexander und Karl bestanden,[173] spiegelten die unterschiedlichen politischen und strategischen Ziele der nominellen Koalitionäre: Bayern mit seinem homogenen Korps und seinem Selbstverständnis einer machtpolitischen Position zwischen den beiden Großmächten und den schwächeren Mittelmächten verfolgte – auch im Wissen um den Zustand des eigenen Heeres – eine lavierende Haltung. Es konzentrierte sich vornehmlich auf den Schutz des eigenen Territoriums und wollte nicht für andere „bluten". Dies galt im Prinzip auch für die Koalitionäre im VIII. Korps. Pointiert lassen sich deren diffusen Positionen – alle indes aus partikularistischer Perspektive einer systemimmanenten Logik folgend – wie folgt zusammenfassen: „Die württembergische Regierung glaubte ihre Nordgrenze schützen zu müssen, die nassauische Wiesbaden, der Bundestag seine Hauptstadt Frankfurt, und Baden gedachte einer Schlacht über-

---

[173] Vgl. Frauenholz, Heerführung, S. 33-36.

haupt auszuweichen."[174] Dies wiederum gelang tatsächlich nur den kurhessischen Truppen, die zu Beginn des Waffengangs die Bundesfestung Mainz „verstärkten" und damit für die operative Verwendung im Felde ausschieden.[175]

Zwei Wochen mochte Prinz Alexander im Grunde nichts anderes als ein „Feldherr ohne Heer"[176] gewesen sein. Doch diese vordergründige Annahme ist nicht richtig. Tatsächlich reagierten württembergische Truppen schnell, als sie am 16. Juni ein Hilferuf aus der Bundeshauptstadt Frankfurt erreichte. Die 3. Infanteriebrigade unter dem Kommando von Brigadegeneral Ludwig von Hegelmaier (1810-1882), mit dem 1. anstelle des zu weit entfernten 3. Jägerbataillon, begann am Morgen des 17. Juni den Eisenbahnmarsch nach Frankfurt. Um 19 Uhr waren die ersten Württemberger zum Schutz vor Ort; am 18. Juni die ganze Brigade.

Der Einmarsch in Frankfurt hatte insbesondere eine symbolisch-politische Komponente, konnte doch damit die militärische Handlungsfähigkeit der Bundestruppen demonstriert werden. Noch bedeutender war er für Württemberg, denn es waren „die auf den ersten Ruf herbeigeilten Schwaben".[177] Symbolik und Pathos dominierten auch die nächsten Tage: Seit dem 23. Juni wehte die schwarz-rotgoldene Trikolore auf dem Frankfurter Bundespalais, Prinz Alexander machte sie als Armbinde am 25. Juni zum Erkennungszeichen des VIII. Korps. Die Presse überschlug sich – so das Frankfurter Journal: „Gebe Gott, daß sie nicht blos das Zeichen, sondern auch die Wahrheit und die Freiheit sei, unter deren Schutz sich jetzt das Bundesheer mit Begeisterung schart." Die Darmstädter Zeitung erblickte in der Binde „ein sichtbares Wahrzeichen für die Truppen der bundestreuen Staaten" und letztlich „das deutsche Vaterland".[178] Dieses „Wahrzei-

---

[174] Siegried Fiedler, Kriegswesen und Kriegführung im Zeitalter der Millionenheere (= Heerwesen der Neuzeit: Abteilung 5; Bd. 2), Bonn 1993, S. 225.

[175] In Mainz und Umgebung waren seit dem 4. Juli 1866 auch Soldaten des 4. Württembergischen Infanterieregiments, vgl. Müller, Geschichte des 4. Württembergischen Infanterie-Regiments No. 122, S. 120.

[176] Sauer, Württembergisches Heer, S. 188.

[177] Pfister, Denkwürdigkeiten, S. 502f.

[178] Zit. nach H.v.B., Der deutsche Krieg im Jahre 1866, S. 265.

chen" aber „mußte erst angefertigt werden und gelangte nie zur allgemeinen Einführung."[179]

Aber nicht nur die Presse, sondern auch die „Politik" bemühte ähnliche historische und politische Argumente. König Karl von Württemberg erläuterte am 30. Juni die Beweggründe für den Krieg: „An meine Truppen! Soldaten! Ihr habt Euch auf meinen Ruf zusammengeschart, um im Vereine mit den Truppen unserer Bruderstaaten unser engeres und weiteres Vaterland gegen Vergewaltigung zu schützen. Die Württemberger haben von jeher durch Tapferkeit sich hervorgethan und stets in den ersten Reihen gefochten. Ich baue fest darauf, daß Ihr, des Ruhmes Eurer Väter eingedenk, den alten Ruf bewähren und die übermüthigen Angriffe auf Deutschlands Glück und auf unsere Freiheit zurückweisen werdet mit der vollen, dem Gefühle des Rechtes innewohnenden Kraft. Das Erkennungsband an Eurem Arme zeigt Euch, daß Ihr für Deutschlands Ehre und Wohlfahrt kämpft. Eine gedeihliche Entwicklung des Ganzen ist aber nur möglich, wenn die einzelnen Glieder lebenskräftig sind. Auf Euch ruht das Heil meines theuern Württemberg! Gott sei mit Euch!"[180]

Das VIII. Korps schien Ende Juni 1866 zwar bei oberflächlicher Betrachtung in der Tradition der Revolution von 1848/49 zu stehen. Tatsächlich aber standen diesmal trotz „Schwarz-Rot-Gold" nicht die „neuen" Ideale von südwestdeutschem Liberalismus und Paulskirche gegen das „alte" Preußen; es waren vielmehr „alte" territorialstaatlichdynastische Interessen der Bundesstaaten gegen das „neue" aggressive Preußen.

Bis Anfang Juli folgten die 2. und die 1. Brigade der Württemberger sowie Teile der restlichen Truppen des VIII. Korps. Das gesamte Korps – ob seiner Schwerfälligkeit und Heterogenität für die Preußen in Anlehnung an die Truppen des Heiligen Römischen Reiches deutscher Nation während des Siebenjährigen Krieges (1756-1763) als „Reichsarmee" verspottet[181] – sollte eine Vereinigung mit den Bayern bei Hersfeld anstreben. Nachdem aber der zügige Vormarsch der

---

[179] Frauenholz, Heerführung, S. 35.
[180] Zit. nach H.v.B., Der deutsche Krieg im Jahre 1866, S. 270f.
[181] Vgl. Sauer, Württembergisches Heer, S. 191.

Preußen unter dem Kommando Falckensteins gegen das VII. Korps ersichtlich war, beorderte der Bundesfeldherr Karl von Bayern das VIII. Korps in Richtung Fulda.

Trotz aller politischen und persönlichen Friktionen bestand gleichwohl – als kleinster gemeinsamer Nenner – die Absicht einer Vereinigung des VII. und VIII. Korps. Die schiere Größe eines derartigen Zusammenschlusses würde – so die Hoffnung – die Preußen von einem Angriff abhalten können. Er kam aber nicht zustande. Am 4. Juli wurden die Bayern bei Dermbach zurückgedrängt. Damit entfiel auch die angestrebte Vereinigung der beiden süddeutschen Korps bei Fulda. Prinz Karl wollte diese dann südlich der Rhön „nachholen" und deshalb Prinz Alexander dorthin dirigieren. Dieser aber missachtete entsprechende Ordres[182] und marschierte, nachdem er in der Nacht vom 5./6. Juli von der Niederlage der Österreicher am 3. Juli 1866 bei Königgrätz Kenntnis erhielt,[183] mit dem VIII. Korps (wieder) in Richtung Frankfurt. Der politische Grund seines operativen Handelns war der Schutz der Bundesversammlung (vielleicht auch seiner „Heimat" Hessen, nachdem seine österreichische „Wahlheimat" Österreich die entscheidende Schlacht verloren hatte) gegen vermutete preußische Angriffe aus dem Rheinland,[184] der militärische jener der Inbesitznahme des dortigen Eisenbahnknotenpunktes, der für die Verschiebung größerer Kontingente von strategischer und logistischer Wichtigkeit war. Möglicherweise war er auch – erstens – von der Einsatzbereitschaft der bayerischen Truppen nach deren erstem Zurückweichen nicht überzeugt und wollte – zweitens – nicht unter „falschem" Oberkommando die ungewisse Kriegstüchtigkeit seiner Verbände im Gefecht erlauben.

Tatsächlich aber hatte der Krieg nach „Königgrätz" eine entscheidende Wendung bekommen: Prinz Alexander drohte nach einer Woche

---

[182] Vgl. Frauenholz, Heerführung, S. 54 spricht gar von „offenem Ungehorsam", vermutet aber als treibende Kraft dahinter dessen württembergischen Generalstabschef von Baur-Breitenfeld, der „sich des verhaßten bayerischen Oberkommandos ganz zu entledigen und mit seinem Armeekorps selbständig zu werden" hoffte.
[183] Vgl. Pfister, Denkwürdigkeiten, S. 505.
[184] Vgl. Heinz Helmert / Hansjürgen Usczeck, Preußischdeutsche Kriege von 1864 bis 1871. Militärischer Verlauf, 5. Aufl. Berlin (Ost) 1984, S. 142.

Krieg erneut das Schicksal eines „Feldherrn ohne Truppen", da es die Württemberger und die den Ende Juli 1866 sogar offen „Verrat" vorgeworfenen Badener mit ihren Bündnisverpflichtungen aus egoistischen Erwägungen nicht mehr so ernst nahmen und nur noch an den Schutz ihrer Territorien – i.e. die Mainlinie – dachten[185]: verlorene Schlachten waren kein Faustpfand für die in Bälde erwarteten Waffenstillstandsverhandlungen.

Mit der Entscheidung von Königgrätz stellte sich die grundsätzliche Frage nach der Sinnhaftigkeit weiterer militärischer Operationsführung – dies indes mehr für die süddeutschen Truppen als für jene Preußens, die ihre Anfangserfolge nach und nach ausbauen wollten. Seit diesem Zeitpunkt konnte es für die beiden süddeutschen Korps nur noch um „Schadensbegrenzung" gehen.

Damit war jedoch politisch ein operatives Zusammenwirken der beiden süddeutschen Korps de facto ausgeschlossen – sie führten fortan ihre eigenen Feldzüge. Bedrohlich wurde es zunächst für die Bayern. Ihr Rückmarsch an die Mainlinie zog die Preußen mit sich. Am 10. Juli siegten die Preußen bei Kissingen, worauf Prinz Karl seine Trup-

---

[185] Vgl. Sauer, Württembergisches Heer, S. 193 sowie bereits Menzel, Der deutsche Krieg im Jahr 1866, Bd. 2, S. 53-56. Insbesondere der „Verrat der Badener" wurde in der zeitgenössischen Diskussion in politischen und militärischen Varianten fast zu einem insbesondere von bayerischer Seite vertretenen Topos, da sie nach dem Gefecht bei Tauberbischofsheim der Aufforderung zu einer Unterstützung des VII. Korps nicht nachkamen, vgl. dazu: Actenmäßige interessante Enthüllungen über den badischen Verrath an den deutschen Bundestruppen in dem soeben beendigten preußisch-deutschen Kriege, Stuttgart 1866 und Karl Theodor von Bayern, Erläuterungen des Höchstkommandirenden der südwestdeutschen Bundes-Armee zu dem im Buchhandel erschienenen Feldzugs-Journal seiner Großherzoglichen Hoheit des Prinzen Alexander von Hessen, Oberbefehlshabers des 8. Deutschen Bundes-Armee-Corps im Feldzuge 1866, München 1867, S. 11: „die badische Artillerie that, wie bekannt, am 25. keinen Schuß, um die 3. bayerische Infanterie-Division bei Helmstadt zu unterstützen." Tatsächlich waren die Badener nicht aus Überzeugung sondern eher aus (erzwungener) Bündnisraison im Krieg „mitmarschiert". Daraus resultierte auch ihr mehr als gelegentlich gezeigtes „zurückhaltendes" Engagement in den bis Werbach bzw. Tauberbischofsheim wenigen Gefechten, die sie aufgrund der Lage zu schlagen hatten. Hätte dies nicht mehrfach zu einer für die Bündnispartner gefährlichen Situationen geführt, so wäre das Verhalten als striktes Durchhalten des „Primats der Politik" zu werten.

pen bis auf Schweinfurt zurücknahm. Falckenstein wandte sich mit der „Freiheit des Handelns" nach den einfachen Anfangserfolgen gegen eine schwache bayerische Armee anschließend nach Westen, weniger um die noch vollkommen intakten Kräfte des VIII. Korps zu verfolgen als vielmehr um Frankfurt in seinen Besitz zu bringen. Dabei folgte er Bismarcks Absicht, möglichst viele Gebiete nördlich des Mains unter preußische Gewalt zu bringen, um bei künftigen Verhandlungen ein Faustpfand zu besitzen.[186]

Allerdings missachtete er dadurch die Weisung Moltkes, der zwar – der allgemeinen politische „Stoßrichtung" geschuldet – genauso wie Bismarck ein energisches, raumgreifendes Vorgehen favorisierte. Aus seiner Perspektive als militärischer Führer indes galt es die „angeschlagenen" Truppen des VII. Korps zu zerschlagen. Falckensteins eigenmächtiges Handeln jedoch gab dem VII. Korps eine „Verschnaufpause". Kurz nach der Einnahme von Frankfurt am 16. Juli wurde er seines Kommandos enthoben und durch General Edwin von Manteuffel (1809-1885) ersetzt, von dem sich Moltke eine energischere Weiterführung der Operationen erhoffte.[187]

Dieser „Führungsdisput" hatte zwei Dimensionen[188]: erstens missfiel Moltke das eigenmächtige Eingreifen Bismarcks – vorbei an der militärischen Hierarchie.[189] Für ihn war das politische Eingreifen in militärische Notwendigkeiten während des Krieges außerhalb jeglicher militärischer Rationalität. Gleichwohl hatte er sich im „Zeitalter der Reichseinigungskriege" bei substantiellen Fragen letztlich Bismarck zu beugen. Die causa Falckenstein war jedoch keine „kriegswichtige".

---

[186] Vgl. Oscar von Lettow-Vorbeck, Geschichte des Krieges von 1866 in Deutschland (3 Bde.), Bd. 3, Berlin 1902, S. 183.
[187] Vgl. Helmert / Usczeck, Preußischdeutsche Kriege, S. 143.
[188] Zu den grundsätzlichen Differenzen zwischen Bismarck und Moltke über Fragen des Primats der Politik während der Führung eines Krieges vgl. Manfred Görtemaker, Bismarck und Moltke. Der preußische Generalstab und die deutsche Einigung (= Friedrichsruher Beiträge, Bd. 21), Friedrichsruh 2004.
[189] Zu diesem grundsätzlichen Problem zwischen Bismarck und Moltke während der „Reichseinigungskriege" 1864, 1866, 1870/71 vgl. Eberhard Birk / Peter Popp, Bismarck als Stratege. Gedanken zum Spannungsfeld von Politik und Militär im Wechselspiel mit Generalstabschef Moltke, in: ÖMZ 53 (2015) 6, S. 688-697.

Der Krieg war durch Königgrätz entschieden. Das Verhältnis zwischen Moltke und Falckenstein war – zweitens – darüber hinaus zerrüttet. Für Falckenstein waren Moltkes Grundlagen operativen Führens jene eines „grauen Theoretikers, der nicht einmal eine Kompanie geführt hatte".[190] Moltke hatte mit ihm also noch eine „alte Rechnung offen".[191]

Nach den im Saaletal siegreichen Gefechten gegen bayerische Truppen bei Kissingen, Garitz und Hammelburg am 10. Juli und 13./14. Juli bei Aschaffenburg stießen die Preußen, um die beiden süddeutschen Korps möglichst dauerhaft zu trennen, in Richtung Tauber vor. Nach einer Weisung der bayerischen Regierung vom 14. Juli kam es zu Verhandlungen zwischen Prinz Karl und Falckenstein über einen achttägigen Waffenstillstand.[192] Die Sorge darum, dass die Preußen nach dem Erfolg beim böhmischen Königgrätz mit ihren freiwerdenden Truppen und den Kräften der Mainarmee dem Königreich Bayern zwei Fronten bescheren konnten, zeigte neben den ausbleibenden bayerischen Waffenerfolgen Wirkung: „Bavaria first". Aber nicht nur das Königreich Bayern setzte fortan verstärkt auf die politisch-strategische Defensive. Auch die Regierungen von Baden und Württemberg verlangten „ein vorsichtiges Verhalten ihrer Truppen und das Vermeiden von Kämpfen, die nicht unmittelbar der Sicherung ihrer Grenzen dienten".[193]

Die bayerische Initiative wurde von General von Manteuffel indes nur für das VII. Korps, nicht aber für VIII. Korps akzeptiert. Daraus ergeben sich zwei Fragen bzw. Schlussfolgerungen: 1. Weshalb wurde Prinz Alexander, der die Meldung davon erst am 17. Juli durch seinen Verbindungsoffizier Major Albert von Suckow (1828-1893) erhielt,[194]

---

[190] Schlieffen, Gesammelte Schriften, Bd. 1, Berlin 1913, S. 91.
[191] Dupuy, Genius des Krieges, S. 108.
[192] Vgl. Pfister, Denkwürdigkeiten, S. 506.
[193] Helmert / Usczeck, Preußischdeutsche Kriege, S. 143.
[194] Vgl. die „Memoiren" des Generalstabschefs des VIII. Korps: Fidel von Baur-Breitenfeld, Die Operationen des achten deutschen Bundes-Corps im Feldzuge des Jahres 1866. Nach authentischen Quellen dargestellt. Mit 10 Beilagen, Darmstadt und Leipzig 1868, S. 69. Grundlage für die Tätigkeit als Verbindungsoffizier waren die §§ 62 und 63 der „Näheren Bestimmungen" zur Bundeskriegsverfassung.

nicht früher darüber informiert? 2. Bedeutete dies, dass die Preußen auf jeden Fall einen militärischen und territorialen Erfolg gegen das VIII. Korps anstrebten, um dadurch die politische Position der Fürsten der Truppensteller dieses Großverbandes bei künftig anstehenden Waffenstillstands- resp. Friedensverhandlungen zu erschweren? Letztlich musste Prinz Alexander daher mit offensiven preußischen Operationen gegen ihn rechnen. Sein Korps musste dann in absehbarer Zeit schlagen, wollte er nicht Gefahr laufen, dass zu viel Territorium verloren ging, oder ihm gar Verrat vorgehalten werden konnte.

Gleichwohl: Bedenklich an diesem, nach bis dato zwar desolat verlaufenden (Teil-) Feldzug, bayerischen Verhalten ist die Tatsache, dass damit von bayerischer Seite gegen die Bundesakte des Deutschen Bundes verstoßen wurde, deren Artikel 11 ausdrücklich festhielt, dass kein Mitglied „einseitige Unterhandlungen mit dem Feinde eingehen, noch einseitig Waffenstillstand oder Frieden schließen" durfte; schließlich hatten sich die Allianzpartner zu „versprechen, sowohl ganz Deutschland als jeden einzelnen Bundesstaat gegen jeden Angriff in Schutz zu nehmen und sich gegenseitig ihre sämtlichen unter dem Bunde begriffenen Besitzungen zu garantieren".

Hier zeigte sich indes die Ambivalenz der Bundeskriegsverfassung: einerseits hatte der „Oberfeldherr" Prinz Karl aufgrund Artikel 53 „die Befugniß, wegen Einstellung der Feindseligkeiten Uebereinkünfte abzuschliessen, wenn dadurch große Vortheile zu erreichen sind, oder Gefahr auf dem Verzuge haftet"; andererseits – im gleichen Artikel festgelegt – sollten „jedoch Waffenstillstands-Verträge nur unter vorbehaltener Genehmigung des Bundes" abgeschlossen werden können. Dies war freilich in der konkreten Situation überhaupt nicht mehr möglich. Es ist gleichwohl evident, dass vor dem Hintergrund der Situation das Agieren Karls die Allianzkohäsion nicht erhöhte.

Auch wenn Prinz Karl letztlich einen einseitigen Waffenstillstand nicht abschloss, so hatte die bayerische Niederlagenserie Folgen für die weitere Operationsführung, denn dadurch war eine Vereinigung der beiden süddeutschen Korps nördlich des Mains nicht mehr möglich. Den Soldaten des VIII. Korps stand daher ein ermüdender mehrtägiger (Rück-) Marsch durch die infrastrukturell gänzlich ungeeigneten Straßen und Wege von Odenwald und Spessart an. Erschwert wurden die logistischen Dispositionen neben einer unzureichenden Versorgungslage in diesen wirtschaftlich schwachen Gebieten zudem durch den Umstand, dass der Führung keine Karten der Gegend zur Verfügung standen – die Preußen hatten in Frankfurt alle aufgekauft.[195]

Am 21. Juli begann unter der Führung Manteuffels die Mainarmee ihren das VIII. Korps verfolgenden Vormarsch durch den Odenwald – die Initiative des Feldzuges lag nun auf preußischer Seite. Und die Preußen marschierten schnell; sie benötigten für ihre Verfolgung nur die Hälfte der Zeit im Vergleich zum VIII. Korps. Bereits am 23. Juli kam es daher zunächst zu einem Vorpostengefecht bei Hundheim zwischen badischen Dragonern und preußischen Husaren. Der von Hegelmaier seiner (3.) Brigade auf badisches Hilfeersuchen gegebene – „von dem an der Spize (sic!) stehenden 1. Württembergischen Jägerbataillon mit lauten Jubel aufgenommene"[196] – Befehl zum Eingriff in das Gefecht wurde jedoch vom Korpskommando rückgängig gemacht.[197] Am Abend hatte die Mainarmee nach den Gefechten bei Hundheim und Walldürn die vorgeschobenen Teile der württembergischen und badischen Truppen weitestgehend an die Tauberlinie zurückgedrängt.

Dass der Raum um Tauberbischofsheim – als Grenzort zwischen Baden und Württemberg, mit einer Brücke über die Tauber und den passablen Verteidigungsmöglichkeiten rechts des Flusses – zusehends in den Fokus der Handlungen geriet, resultierte einerseits aus dem schnellen Vorrücken der Preußen und andererseits aus dem behäbigen Abstimmungsprozess zwischen dem VII. und VIII. Korps sowie der geradezu an Manöver erinnernden „friedensmäßigen" Vorgehensweise des letzteren.

Als Verkehrsknotenpunkt im rückwärtigen Raum des VIII. Korps wurde Tauberbischofsheim jedoch auch schon Tage zuvor Zeuge von militärischen Aktivitäten. Bereits am 18. Juli kamen bayerische Cheveaulegers nach Tauberbischofsheim, am 19. Juli rückte die österreichische Brigade der 4. Division in die Stadt ein, bezog ein Biwak auf

---

[195] Vgl. Pfister, Deutsche Zwietracht, S. 137f.
[196] Pfister, Denkwürdigkeiten, S. 509.
[197] Vgl. Prinz Alexander, Feldzugs-Journal, S. 19.

den Wiesen zwischen Tauberbischofsheim und Impfingen und zelebrierte ein soldatisches „Lagerleben", das beinahe Volksfestcharakter annahm: „Soldaten der verschiedenen österreichischen Nationalitäten belebten das Thal: Deutsch-Oesterreicher, Kroaten, Böhmen, Polen und Italiener; da dachte man nicht an Krieg und Tod, sondern an Leben und Unterhaltung; während große Scharen gruppenweise plaudernd um ihr Lagerfeuer saßen und rauchten, vergnügten sich andere mit Musik, Tanz und fröhlichen Liedern; es war wohl selbstverständlich, daß fast die halbe Stadt über die Tauberbrücke zu diesem interessanten Schauspiel wandelte, und daß manche aus dem jüngeren Volk sich nicht zweimal einladen ließen, an Gesang und Tanz teilzunehmen."[198]

Geradezu folgerichtig wurde Tauberbischofsheim am 19. Juli dann auch Ort eines „Kriegsrates". Die beiden Korpsbefehlshaber, Prinz Karl wurde zudem von seinem Stabschef von der Tann begleitet,[199] trafen sich, um ihr weiteres Vorgehen zu synchronisieren und formulierten – vor dem Hintergrund des bisherigen alliierten Feldzugverlaufs – eine sehr ambitiöse Absicht: „Es wurde verabredet, am 24. d. Mts. solle die nun vereinigte Armee (…) durch den Spessart vorgehen, sich Aschaffenburgs bemächtigen und dann die preußische Mainarmee bei Frankfurt und Hanau angreifen."[200]

Tatsächlich zog die österreichische Brigade am 20. Juli weiter; dafür folgten ihr andere Verbände des VIII. Korps in die Tauberstadt: „Badener, Württemberger, Kurhessen, Weimarer, Hessen-Darmstädter samt dem Generalstab des 8. Armeekorps; dazu der Train mit Küchen-, Wein- und Delikatessenwagen, deren Vorräte man aus den hiesigen Conditoreien und anderen Geschäften ergänzte."[201]

Die Anstrengungen des Marsches durch den Odenwald forderten ihren Tribut; aus der geplanten kurzen Rast wurde ein Lager mit

---

[198] Julius Berberich, Geschichte der Stadt Tauberbischofsheim und des Amtsbezirks, Tauberbischofsheim 1895, S. 163.
[199] Dass Alexanders Stabschef von Baur-Breitenfeld nicht mit anwesend war, resultiert wohl daraus, keine weiteren atmosphärischen Störungen zulassen zu wollen.
[200] Prinz Alexander, Feldzugs-Journal, S. 17.
[201] Berberich, Tauberbischofsheim, S. 164.

Dienstaufsicht – am Sonntag, den 22. Juli inspizierte der mit großem Jubel in der Stadt empfangene württembergische König Karl seine Truppen. Der Monarch zeigte sich dabei „sichtlich erfreut (...) über das durchgängig gute Aussehen der Leute".[202] Überhaupt herrschte in Tauberbischofsheim den ganzen Tag „festliche Freude; wie bei einer Kirchweihe hörte man in allen Straßen, in allen Wirtschaften und von den Biwouaks her Singen, Jubilieren und Musizieren."[203]

Nach der Abreise des Königs verflog diese Stimmung schnell. Am 23. Juli erfuhr Prinz Alexander, dass der Vormarsch der Preußen sehr schnell von statten ging und die Spitzen der Mainarmee bereits bei Walldürn standen. Deshalb waren auch die westlich der Tauber dislozierten Truppen des VIII. Korps – insbesondere die 2. und 3. Division – hinter die Tauberlinie zurückzunehmen.[204]

VII. Das Gefecht bei Tauberbischofsheim am 24. Juli 1866

Die preußische Mainarmee stand am Morgen des 24. Juli mit der kombinierten Division des Generalmajors Eduard von Flies (1802-1886) bei Wertheim und sollte über Uphar nach Osten bzw. Südosten vorstoßen, um die nördliche Flanke des VIII. Korps zu bedrohen; daneben – südlich davon – war die kombinierte Division des Generalmajors Gustav von Beyer (1812-1889) mit südostwärtiger Stoßrichtung; im Anschluss daran – südlich von Külsheim mit Front nach Osten am weitesten vorgeschoben – marschierte die 13. preußische Infanteriedivision unter dem Kommando von Generalleutnant August von Goeben (1816-1880).[205]

Diesem unterstand als Avantgarde die 26. (preuß.) Infanteriebrigade mit deren Kommandeur Generalmajor Karl Freiherr von Wrangel

---

[202] Pfister, Denkwürdigkeiten, S. 507.
[203] Berberich, Tauberbischofsheim, S. 164.
[204] Vgl. Baur-Breitenfeld, Operationen des achten deutschen Bundes-Corps, S. 83.
[205] Vgl. deren ordre de bataille im Anlagenband zu: Kriegsgeschichtliche Abteilung des Großen Generalstabs (Hg.), Der Feldzug von 1866 in Deutschland, Berlin 1867; abgedruckt in den Anlagen.

(1812-1899), als Gros die 25. (preuß.) Infanteriebrigade unter Führung von Generalmajor Rudolf von Kummer (1816-1900) und eine Reservebrigade unter Führung von Generalmajor Hans von Tresckow (1808-1885). Zudem befand sich in seinem Verantwortungsbereich noch die oldenburgisch-hanseatische Brigade unter Führung von Generalmajor Peter von Weltzien (1815-1870). Goeben ging nach dem Gefecht bei Hundheim am Vortrag davon aus, dass das VIII. Korps massiv die Tauberlinie bei Tauberbischofsheim halten wollte, weshalb er hier die gegnerischen Hauptkräfte vermutete.[206] Von diesen vier Brigaden setzte er jene von Weltzien nördlich und jene von Wrangel südlich ein, während die Brigaden Kummer und Tresckow zunächst als Reserve bei Eiersheim blieben.[207]

Die Division Goeben erhielt den Auftrag, am 25. Juli bei Tauberbischofsheim die Württemberger frontal bei lediglich hinhaltendem Kampf zu binden, während die Division Beyer nördlich davon bei Werbach die rechte Flanke der Württemberger umfassen sollte. Damit war zweifaches beabsichtigt: erstens würde – bei Gesamtbetrachtung der operativen Absicht der Preußen – durch dieses klassische Überflügelungsmanöver das württembergische Kontingent von der Tauberlinie zurückgenommen werden müssen und zweitens konnte damit das noch immer mögliche und drohende, tatsächlich auch beabsichtigte Zusammenführen des VII. und VIII. Korps unterbunden werden.

Aufseiten des VIII. Korps waren die Dispositionen für den 24. Juli geprägt von wehrgeographischen und operativen Vorgaben. Zum einen war die politisch-strategische Situation drei Wochen nach Königgrätz nach wie vor von einer allgemeinen Defensive geprägt. Sämtliche operativen Überlegungen vonseiten der beiden süddeutschen Korps – verbunden mit zum Teil erheblichen Differenzen – in den Tagen zuvor, insbesondere jene, den gemeinsamen Schwerpunkt nördlich des Mains zu verlegen,[208] wurden durch den zügigen Vor-

---

[206] Vgl. Helmert / Usczeck, Preußischdeutsche Kriege, S. 144.
[207] Vgl. Der Feldzug von 1866 in Deutschland, S. 644 und Pfister, Denkwürdigkeiten, S. 511.
[208] Vgl. Frauenholz, Heerführung, S. 73-75.

marsch der Mainarmee Makulatur. Eine aufgrund der Topographie durchaus denkbare Einnahme einer Verteidigungsstellung gegen Westen bei Hundheim und Hardheim wurde von der Führung des VIII. Korps – so dessen Generalstabschef von Baur-Breitenfeld – jedoch aus zwei Gründen nicht erwogen: Erstens kam es aus operativen Gründen darauf an, „vor der so nahe bevorstehenden völligen Vereinigung mit den Bayern sich in keine partiellen Kämpfe einzulassen." Und genau hierzu wäre es gerade bei der Annahme einer Schlacht im westlichen Vorfeld der Tauber gekommen. In deren Rücken lag – zweitens – das „tiefe, nicht besonders breite Tauberthal (…), in welches (…) nur schlechte Wege über steile und steinige Abhänge herabführen"; dies erschwerte bei starkem feindlichen Druck das eigene Ausweichen erheblich. Daher hatte „die eigentliche Operation an der Tauber erst auf deren rechtem Ufer und durch Besetzung der Orte an der Tauber zu beginnen".[209]

Das VIII. Korps stand mit seinen vier Divisionen daher am 24. Juli in einem Viereck zwischen Werbach und Tauberbischofsheim an der Tauber im Westen sowie Großrinderfeld, wo auch das Hauptquartier war, und Grünsfeld ostwärts der Tauber. Während die 2. (badische) Division unter dem Kommando von Prinz Wilhelm von Baden in Werbach gegen die Brigade Weltzien stand, befanden sich die Kräfte der 1. (württembergischen) Division zum Teil noch knapp vor, in und hinter Tauberbischofsheim. Die 3. (großherzoglich hessische) Division unter Generalleutnant Carl Freiherr Pergler von Perglas (1800-1869) stand südwestlich von Großrinderfeld entlang der Straße nach Tauberbischofsheim; die 4. (österreichisch-nassauische) Division unter Feldmarschall-Leutnant Erwin Graf von Neipperg (1813-1897) bildete die Korps-Reserve im Raum Grünsfeld-Paimar. Die Artilleriereserve bezog ihre Aufstellung bei Ilmspan und Schönfeld, die Reserve-Reiterei stand bei Gerchsheim: „In dieser concentrierten Stellung hoffte das 8. Armee-Corps die Mitwirkung der bayerischen Armee in

---

[209] Für alle drei Zitate Baur-Breitenfeld, Operationen des achten deutschen Bundes-Corps, S. 79.

der zugesagten Weise erwarten und sodann zu gemeinschaftlicher Aktion vorgehen zu dürfen."[210]

Bei einer Konzentration und Aufstellung sämtlicher Kräfte des Korps rechts der Tauber zwischen Tauberbischofsheim und Werbach sowie einem zugesagten Eintreffen der 1. bayerischen Division in nördlicher Verlängerung davon war ein Abwehrerfolg des VIII. Korps im Allgemeinen und der 1. (württembergischen) Division im Besonderen zwar nicht garantiert, immerhin aber möglich. Gerade diese Prämisse in den Planungen des VIII. Korps wird auch dadurch dokumentiert, dass sich Prinz Alexander schon am frühen Morgen in den Raum der 3. Division begab, um die Kontaktaufnahme zu den erwarteten – jedoch nicht eintreffenden – bayerischen Kräften zu erleichtern.

Indes hatten auch die Preußen ihre Probleme mit den Friktionen der Kriegführung: Goeben erhielt diesen Operationsbefehl zu spät. Ungehorsam war sein für den 24. Juli gegebener Angriffsbefehl an die Brigaden Wrangel und Weltzien jedoch nicht – vielmehr handelte er nach dem ebenfalls „klassischen" Prinzip des Führens mit Auftrag. Seine vor Tauberbischofsheim durchgeführte Beurteilung der Lage bot ihm die Grundlage für sein Vorgehen: Wrangel sollte mit seiner Brigade Tauberbischofsheim nehmen, um damit die Voraussetzung für einen weiteren preußischen Vormarsch zu sichern; Weltziens Brigade wurde auf Werbach mit dem Ziel der Einnahme der dortigen Brücke angesetzt. Mit beiden Vorstößen wollte Goeben also zwei ostwärts der Tauber gelegene Brückenköpfe bilden, von denen aus dann insbesondere die Württemberger weiter zurückgedrängt werden konnten, zumal sein nördlicher Nachbar – die Division Beyer – gegen die Badener vorzugehen hatte.

Am 24. Juli 1866 ereigneten sich deshalb an der Tauber zwei parallel stattfindende Gefechte: jenes bei Tauberbischofsheim (und Impfingen), das damals noch Bischofsheim hieß, und ein zweites weiter nördlich bei Werbach (und Hochhausen). Dies indes wäre die Perspektive des VIII. Korps, das neben der württembergischen Division natürlich auch den Kampf der badischen Division in Werbach zu

---

[210] Baur-Breitenfeld, Operationen des achten deutschen Bundes-Corps, S. 84.

leiten hatte.[211] Hier soll indes nur das Gefecht bei Tauberbischofsheim im Fokus stehen – im Wissen darum, dass Ereignisse bei der 2. (badischen) Division auf dem rechten Flügel des VIII. Korps bei Hochhausen und Werbach genauso wie auf dem rechten Flügel der 1. (württembergischen) Division bei Impfingen auch Auswirkungen auf das Gefecht bei Tauberbischofsheim hatten.

Tauberbischofsheim mit seinen ca. 3000 Einwohnern liegt in einer zwischen 400-1000 Schritt breiten Talsohle an der in diesem Abschnitt kanalisierten und etwa 50 Fuß breiten Tauber.[212] Während westlich von Tauberbischofsheim die Höhen relativ stark zur Stadt hin abfallen, erfolgt rechts der Tauber der Anstieg flacher und terrassenförmig. Die die beiden im Stadtbereich gemauerten Ufer verbindende steinerne Brücke über die Tauber ist ca. 80 Fuß lang. Rechts der Tauber kreuzen sich zwei Hauptstraßen – die eine führt von Mergentheim in Süd-Nord-Richtung nach Wertheim, die zweite kommt von Amorbach über Walldürn aus westlicher Richtung oberhalb von Tauberbischofsheim zwischen den Höhen Immberg und Stammberg unter einem ca. 20 Fuß hohen Eisenbahndamm in die Stadt, passiert die Brücke, zu deren Seiten sich einige Gebäude mit Gärten und Hecken sowie niedere Umwallungen befinden, und zieht sich rechts der Tauber am sanft ansteigenden Westhang des Hammberg in einem Hohlweg durch eine Mulde zwischen dem Kützberg und dem Edelberg hinauf, bevor sie weiter in Richtung Würzburg verläuft. Gerade aufgrund der infrastrukturellen Bedingtheiten (Bedeutung der Kreuzung) musste das VIII. Korps davon ausgehen, dass der Schwerpunkt des Angriffs der Mainarmee „nicht unwahrscheinlich"[213] wohl bei Tauberbischofsheim liegen würde, zumal die Straße nach Würzburg nach einem preußischen Erfolg dann „offen" wäre und dies den weiteren preußischen Vormarsch erleichtern würde.

---

[211] Zu Werbach vgl. Der Feldzug von 1866 in Deutschland, S. 653-657 und Fontane, Der deutsche Krieg von 1866, S. 210-213.

[212] Die Beschreibung des Orts und der Möglichkeit des Einsatzes von Kräften zum Zwecke der Verteidigung im Raum folgt Baur-Breitenfeld, Operationen des achten deutschen Bundes-Corps, S. 78f. und S. 86f. sowie Pfister, Denkwürdigkeiten, S. 510f.

[213] Baur-Breitenfeld, Operationen des achten deutschen Bundes-Corps, S. 84.

Im Rahmen einer geländebezogenen Beurteilung aus der Perspektive der württembergischen Division gilt es festzuhalten: Die im Westen der Stadt gelegene Umwallung, der leicht erhöhte Eisenbahndamm sowie die zahlreichen Gärten und der Friedhof boten für eine hinhaltende Verteidigung Tauberbischofsheims zwar gute Wirkungsmöglichkeiten für verstreut eingesetzte Infanterie; sie werden jedoch durch die davor liegenden Höhen insofern zunichte gemacht, als von jenen genau diese Stellungen gut eingesehen und durch Artillerie dominiert bzw. beherrscht werden können. Mehr als ein zeitlich begrenzter hinhaltender Widerstand war aus diesen Positionen folglich nicht möglich.

Das eng bebaute Tauberbischofsheim mit seinen Gassen schränkte nach einem Verzögerungsgefecht die Führungsfähigkeit württembergischer Offiziere bei einem Orts- und Häuserkampf genauso ein wie die Unterlegenheit der württembergischen Infanteriebewaffnung gegenüber dem preußischen Dreysegewehr – vor allem auch bei rasch wechselnden Situationen. Zudem würde bei einem Verweilen württembergischer Kräfte in der Stadt diese einem kontinuierlichen preußischen Geschützfeuer vom Imm- und Stammberg aussetzen.

Nur die gemauerten Böschungen zum Fluss hin bildeten aus taktischer Perspektive „ein sehr beträchtliches Hindernis"[214] für den Angreifer. Sie konnten nach Austritt der preußischen Truppen aus dem Stadtbereich beim Vorrücken unter württembergischem Artilleriefeuer von den Stellungen rechts der Tauber vom Hamm- und Edelberg zu Verzögerungen beim Angriff führen. Noch mehr war dies aber der Fall, wenn die Preußen ihren Angriff über die Steinbrücke vortrugen. Nach Überwindung der Böschung aber büßte die Tauber, die aufgrund ihrer geringen Tiefe von 3 bis 4 Fuß fast durchgängig einen furtähnlichen Charakter hatte, ihren Wert als „beträchtliches Hindernis" ein. Das bedeutete letztlich, dass die Brücke zwar von erheblicher Bedeutung für marschierende Truppe wie auch für logistische Dispositionen war, die Tauber selbst aber nicht als ausgesprochenes Hindernis für offensive oder defensive taktische Handlungen im infanteristischen Kampf gelten konnte. Gleichwohl hemmen (fließende)

---

[214] Baur-Breitenfeld, Operationen des achten deutschen Bundes-Corps, S. 87.

Gewässer stets den Angreifer und begünstigen – im Umkehrschluss – den Verteidiger; dies insbesondere dann, wenn der Angreifer unter Feuer genommen werden kann.

Bei den vorne positionierten württembergischen Kräften würde es hier entscheidend auf die Führung der Verteidigung ankommen: kontinuierliches Infanteriefeuer aus leicht überhöhter Stellung bei gleichzeitigem „Einschießen" der Artillerie auf vorrückende Preußen an der Tauber oder „aktive" Verteidigung mit angriffsweisem Vorgehen, um das zuvor preisgegebene Tauberbischofsheim zurückzuerobern?

Aufgrund der hier nur kurz skizzierten abschnittsweisen Betrachtung des Geländes ergab sich die Aufstellung der württembergischen Division für das (Verzögerungs-) Gefecht: Sie sollte für den 24. Juli ihre Stellung entlang der Würzburger Straße rechts der Tauber beziehen. Ihre Vortruppen – die 2. Brigade unter Generalmajor von Fischer – standen als erste Linie mit dem 7. Infanterie-Regiment (Oberst von Hügel), dem 2. Jägerbataillon (Major von Hahn) und sechs gezogenen Geschützen der 6. Fußbatterie (Hauptmann Roschmann) sowie einer Schwadron Reiterei bei Impfingen sowie dem 2. Infanterie-Regiment (Oberst von Glaser), einer Schwadron Reiterei und zwei Geschützen in Tauberbischofsheim.

In Tauberbischofsheim deckten sieben Kompanien des 2. Infanterie-Regiments in Schützenlinie das von einer Umwallung umgebene badische Städtchen in Richtung Westen. Hierzu wurden provisorische Barrikaden errichtet und zahlreiche nach Westen gerichtete Fenster der Häuser mit bis zu sechs Schützen belegt.[215] Der rechte Flügel der Verteidigungsstellung reichte bis zum ummauerten Kirchhof, der linke lehnte sich an den erhöhten Eisenbahndamm südlich der Stadt an. Lange zu halten war diese Position aber nicht – von der davorliegenden Höhe konnte preußische Artillerie Stadt und Verteidigungslinie dominieren. Zudem wurden eine Kompanie an der Brücke aufgestellt sowie zwei Kompanien als Reserve dahinter. Etwas aufwärts der Tauber standen die beiden Geschütze der 7. Fußbatterie auf der Chaussee in südlicher Richtung nach Dittigheim, die von einer Schwadron des 1. Reiter-Regiments geschützt wurden.

---

[215] Vgl. Berberich, Tauberbischofsheim, S. 165f.

Hinter der 2. Brigade wurde in der zweiten Linie die 1. Brigade unter Führung des Generalmajors Karl Freiherr von Baumbach (1817-1880) rechts der Tauber als rechter Flügel in einer Einsenkung hinter dem Hammberg aufgestellt. Sie war zunächst noch am Morgen bei Werbach gestanden, dann aber nach dem Eintreffen der 2. (badischen) Division nach ihrem „beschwerlichen Wege von Külsheim nach Hochhausen"[216] näher an Tauberbischofsheim herangezogen worden. Neben der 1. Brigade (1. Infanterie-Regiment „Königin Olga" [Oberst von Starkloff], 5. Infanterie-Regiment „König Karl" [Oberst von Hügel], 3. Jägerbataillon [Major von Starkloff]) wurde die 3. Brigade, die hierfür jedoch erst noch am Morgen des 24. Juli von ihrer Position auf den Höhen westlich von Tauberbischofsheim durch die Stadt über die Brücke zurückgenommen werden musste,[217] in direkte Anlehnung an diese (von rechts nach links: 3. Infanterie-Regiment [Oberst von Lipp], 8. Infanterie-Regiment [Oberst von Reitzenstein], 1. Jägerbataillon [Major Rampacher]) südlich davon so aufgestellt, dass beide Brigaden – auf dem Rückabfall des Hammberg ca. 1000 Schritt ostwärts Tauberbischofsheims – der Feindsicht entzogen waren.[218]

Zwischen der ersten und zweiten Linie bezogen zwei Sechspfünder-Batterien auf dem Hammberg Aufstellung – nördlich die 1. reitende Batterie von Hauptmann von Marchthaler und südlich die 7. Fuß-Batterie von Hauptmann von Faber du Faur, zusammen 16 gezogene 6pfdge Geschütze. Sie wurden so positioniert, dass lediglich die Mündungen der Geschütze über den Kamm reichten. Ebenfalls der Feindsicht verdeckt standen die Schwadronen des 4. Reiter-Regiments („Königin Olga") am Edelberg als Kavalleriereserve bereit. Möglicherweise war diese gedeckte Aufstellung auch ein Grund dafür, dass sich der Kommandeur der 26. Infanterie-Brigade, Generalmajor von Wrangel, zum Angriff auf Tauberbischofsheim und Impfingen verleiten ließ. Denn tatsächlich war diese mit ihren fünf Infanterie-

---

[216] Baur-Breitenfeld, Operationen des achten deutschen Bundes-Corps, S. 85
[217] Vgl. Baur-Breitenfeld, Operationen des achten deutschen Bundes-Corps, S. 85.
[218] Vgl. Der Feldzug von 1866 in Deutschland, S. 644f. Zu Aufstellung der Kräfte und zum Verlauf des Gefechts vgl. die taktischen Skizzen am Ende des Bandes.

Bataillonen, drei Schwadronen Reiterei und insgesamt elf Geschützen der württembergischen Seite numerisch eklatant unterlegen. Diese verfügte über eine Gesamtzahl von 12 Bataillonen Infanterie, zusätzlich drei Jägerbataillone, neun Schwadronen Reiterei und 24 Geschütze.

Zur Bewertung des Stärkeverhältnisses und des jeweiligen Gefechtswertes ist, was die Stärke der Einheiten und Verbände anbelangt, jedoch darauf hinzuweisen, dass die Nominalstärken der sich gegenüberstehenden Kräften einen erheblichen Unterschied aufwiesen: ein preußisches Infanterie-Regiment bestand aus drei Bataillonen, ein württembergisches hingegen nur aus zwei; während ein preußisches Bataillon eine Stärke von ca. 1000 Soldaten hatte, bestand ein württembergisches aus ca. 800 Mann.[219]

Dennoch: Für eine defensiv angelegte Verteidigung in einem diese begünstigenden Gelände kam es für die württembergische Seite im Grunde lediglich darauf an, diese Überlegenheit auszuspielen – vor allem dann, wenn der Gegner sich zu einem angriffsweisen Vorgehen mit deutlich unterlegener Stärke entschließen sollte. Bereits aus der Ausgangsstellung wird deutlich – vorausgesetzt die württembergische Führung folgte allgemein gültigen Grundsätzen der Kriegführung –, dass die zunächst vor, bei und um Tauberbischofsheim aufgestellten Kräfte nach hinhaltendem Widerstand – modern formuliert: einem Verzögerungsgefecht – über die Brücke zurück auf die Höhen ostwärts der Tauber auf relativ leicht zu verteidigende Stellungen zurückgenommen werden sollten.[220]

Aufgrund starken Artilleriefeuers von den Höhen des Hammbergs und einem konzentrierten Abwehrfeuer der Infanterieregimenter – selbst wenn sie „nur" Vorderlader hatten – konnten so die numerisch unterlegenen preußischen Kräfte scheinbar nur den Weg über die Brücke nehmen, um dort blutig zusammengeschossen zu werden.

---

[219] Vgl. Pfister, Denkwürdigkeiten, S. 512.
[220] So auch Pfister, Denkwürdigkeiten, S. 509.

Tatsächlich aber entwickelte sich der Ablauf des folgenden Gefechts nur zum Teil so, wie es ein Blick auf Stärke und Gelände nahelegt.[221] Nachdem ihm Husaren gemeldet hatten, dass Tauberbischofsheim durch württembergische Kräfte besetzt sei, entschloss sich Wrangel, dessen 26. Infanteriebrigade mit dem Gros – das 55. Preußische Infanterie-Regiment – noch kurz vor Tauberbischofsheim stand, zum Angriff. Dieser wurde zunächst mit der 5. Kompanie des 2. Bataillons des 15. Infanterie-Regiments durchgeführt, gefolgt von den Kompanie-Kolonnen des 1. Bataillons des 55. Infanterie-Regiments. Ihnen gelang es – aus der Bewegung des vorangegangenen Marsches – die württembergischen Truppen zunächst in die Stadt und im Anschluss daran zur Flucht aus dieser zu drängen. Trotz des preußischen Anfangserfolges waren die vor Ort eingesetzten Kräfte zu schwach, um die Dynamik des Angriffs aufrechtzuerhalten. Wrangel hatte auf das Gros seiner Brigade – das 55. Infanterie-Regiment – zu warten.

Diese erste Phase des Gefechts bei Tauberbischofsheim war indes kein reiner Infanterieangriff. Vom Immberg aus eröffnete die Batterie des Hauptmanns Coester mit ihren fünf 4-Pfünder-Geschützen – unterstützt von der kurz danach aufgefahrenen 12pfündigen Batterie Eynatten II – das Artilleriefeuer, das die württembergischen Truppen

---

[221] Der Schilderung des Gefechts zugrunde liegen folgende Werke: Der Feldzug von 1866 in Deutschland, S. 644-652; Pfister, Denkwürdigkeiten, S. 509-517, gibt aus württembergischer Perspektive noch immer die beste Schilderung der taktischen Abläufe wieder; zudem Baur-Breitenfeld, Operationen des achten deutschen Bundes-Corps, S. 83-97; Prinz Alexander, Feldzugs-Journal, S. 19-21; aus lokalgeschichtlich orientierter Perspektive vgl. Josef Kiefer / August Haun, Aus der Geschichte der neuesten Zeit (1800-1955), in: Tauberbischofsheim. Aus der Geschichte einer alten Amtstadt, Tauberbischofsheim 1955, S. 445-452 sowie Berberich, Tauberbischofsheim, S. 161-174. Es sei der Hinweis erlaubt, dass die diesbezügliche Beschreibung von Fontane, Der deutsche Krieg von 1866, S. 214-221 trotz ihrer Kürze sehr anschaulich und einprägsam formuliert ist. Für eine Schilderung aus preußischer Seite vgl. zudem Adda Freifrau von Liliencron, Krieg und Frieden. Erinnerungen aus dem Leben einer Offiziersfrau, vollständige Neuausgabe herausgegeben von Karl-Maria Guth, Berlin 2014 (Erstdruck: Berlin 1912), S. 87-91 mit dem Abdruck jener Passagen aus dem Kriegstagebuch ihres Vaters, Generalmajor Freiherr von Wrangel, die die Schlacht aus der Perspektive des Kommandeurs der 26. (preuß.) Infanterie-Brigade wiedergeben.

in der Stadt bestrich, aber auch auf die Ostseite der Tauber gerichtet wurde: „ihre Granaten reichten bis in das zweite Treffen der Württemberger".[222] Dabei wurde auch eine Proviantkolonne mit etwa 30 Vorspannwagen auf der Würzburger Straße getroffen, als sie sich im Hohlweg am Fuße des Hammbergs befand. Die fliehenden Vorspann-Bauern ließen die zerstörte Kolonne zurück, womit für einige der später angreifenden württembergischen Bataillone ein „höchst unbequemes Bewegungshinderniß"[223] entstand.

Für die Württemberger entwickelte sich der Beginn des Gefechts im Grunde wie erwartet: mit den Spitzen des Feindes wurde „Fühlung" aufgenommen und durch den Kampf auch Zeit gewonnen für das Einnehmen der Aufstellung der Division hinter der Tauberlinie. Gleichwohl zeigte sich schon zu Beginn der Kämpfe um Tauberbischofsheim die Überlegenheit von Feuerkraft und infanteristischer Gefechtsführung auf preußischer Seite, da die numerisch deutlich unterlegenen Preußen die Württemberger schnell aus ihren Stellungen westlich der Stadt wie auch aus derselben vertreiben und auch noch Gefangene machen konnten.[224]

Als das 2. württembergische Infanterie-Regiment aus der Stadt wich, wurde das 2. Bataillon des 5. Infanterie-Regiments „König Karl" zu dessen Aufnahme in Richtung Brücke beordert. Beim Vorrücken machten die Württemberger zum ersten Mal an diesem Tag jene Erfahrung, die auch bei allen weiteren ihrer Angriffe bevorstand.[225] Die

---

[222] Prinz Alexander, Feldzugs-Journal, S. 20.

[223] Baur-Breitenfeld, Operationen des achten deutschen Bundes-Corps, S. 89.

[224] Vgl. Tauberbischofsheim. Aus der Geschichte einer alten Amtstadt, S. 448. Das preußische Generalstabswerk (S. 646) beziffert sie auf 1 Offizier und 27 Soldaten.

[225] Wie jede Schlacht hatte auch das Gefecht bei Tauberbischofsheim mehrere Phasen. Über die Anzahl der Angriffe gibt es gelegentlich unterschiedliche Angaben – die Phasen werden oftmals erst aus der Retrospektive nachvollziehbar; gerade in der Hitze des Gefechts werden auf subalterner Ebene Angriffe auf den verschiedenen Führungsebenen oftmals miteinander verwechselt. Im Fall von Tauberbischofsheim werden meist fünf Phasen genannt, die auch hier im Wesentlichen die Grundlage bilden. Anders hingegen Baur-Breitenfeld, Operationen des achten deutschen Bundes-Corps, S. 88, der nach drei einzeln genannten Angriffen noch „drei andere" nennt, ohne sie konkret zu beschreiben.

im Schutz der Häuser und Lisieren an der wallartigen Promenade liegenden preußischen Kompanien erwiderten die Angriffe mit halbzugsweisem Gewehrfeuer, bei dem die vorderen Halbzüge niederfielen, damit die hinteren Schützen über sie hinweg feuern konnten. Dieses kontinuierliche Infanteriefeuer hatte eine furchtbare Wirkung auf die gänzlich ohne Deckung antretenden Württemberger – und es traf auch die kurz danach folgenden Soldaten des 1. Bataillons desselben Regiments.

Nach der Abwehr dieser beiden ersten württembergischen Gegenstöße erreichten sämtliche Kräfte Wrangels die Stadt, wobei das Füsilier-Bataillon Lippe in Reserve gehalten wurde. Die Führung und Koordination der preußischen Verteidigung an der Tauber übertrug er dem Kommandeur des 55. Infanterieregiments, Oberst Stoltz, der sofort sein 1. Bataillon nach vorne beorderte. Dessen Abwehrfeuer lichtete die Reihen der württembergischen Truppen.

Zur Unterstützung des liegen gebliebenen Angriffs der Kräfte des 5. Infanterie-Regiments wurde gegen 15 Uhr das 3. Jägerbataillon und das 2. Bataillon des 1. Infanterie-Regiments ins Feuer geschickt: „Mit Hurrahruf erreichte das 3. Jägerbataillon die Umfassung der Gärten auf dem rechten Ufer und war bereit, die Brücke zu stürmen, erlitt aber zu bedeutende Verluste, als daß es, dem heftigen Schnellfeuer gegenüber, diese Absicht hätte ausführen können."[226] Somit war auch dieser – dritte – Vorstoß ohne Erfolg geblieben.

Kurz danach erging der Angriffsbefehl auch an den Kommandeur der 3. Brigade, der daraufhin das 1. Bataillon des 3. Infanterie-Regiments und das 1. Bataillon des 8. Infanterie-Regiments nach vorne befahl. Auch dieser Angriff lief wie die vorherigen ab. Nach einem Antreten noch in Formation, löste sich diese unter dem preußischen Feuer sofort auf[227] – die Soldaten suchten in kleinen Straßen- bzw. Weggraben Deckung und feuerten auf den schlecht zu erkennenden Feind.

---

[226] Pfister, Denkwürdigkeiten, S. 513.
[227] Pfister, Denkwürdigkeiten, S. 514, der diesen Angriff von Soldaten seines Regiments beschreibt, spricht hier – verständlicherweise – freilich stark beschönigend davon, dass „die bis jetzt beobachtete Ordnung" sich „einigermaßen" aufgelöste hätte.

Ihr Angriffsgeist blieb dennoch ungebrochen: „Mit Bereitwilligkeit und Selbstverläugnung (sic!) folgten die Mannschaften dem Rufe ihrer Führer aus der schützenden Stellung in die Sphäre der Gefahr; mit Ruhe und Unverdrossenheit hielten sie im Feuer aus; voll feurigen Eifers wurde der Lauf nach der zu stürmenden Brücke begonnen."[228]

Mit den Worten: „Jezt (sic!) gibt es einen Bajonnetangriff; der Tornister herunter, daß wir besser fechten können"[229], stürmten die Soldaten der 1. Kompanie des 1. Bataillons des 8. Regiments auf die Brücke zu, wurden indes erneut vom preußischen Infanteriefeuer abgewiesen. Die bis dahin höchsten Verluste der Württemberger zwangen zum Abbruch auch dieses – vierten – Angriffs.

Dass die Mannschaftsstärke der jeweils nach vorne geschickten württembergischen Truppenteile stets geringer als jene der verteidigenden preußischen Infanteristen war, die zudem in Deckung lagen und ihre Feuergeschwindigkeit ausspielen konnten, lag darin begründet, dass die Topographie des Geländes aufgrund seiner Enge keinen Platz zu einem Entfalten der Truppenteile bot: „Von diesen Bataillonen waren übrigens in der Regel nur je 3 Kompagnien im Feuer, die übrigen in der Reserve, von dem Bataillon des 3. Regiments kam nur eine einzige Kompagnie zum Schuß. Es waren nur etwa 3, höchstens 4 Bataillone gleichzeitig im Gefecht und von diesen nur ein Bruchtheil in der eigentlichen Feuerlinie."[230]

So „einfach" es war, die einzelnen Truppenteile nacheinander angreifen zu lassen, so sehr wurde das Führen der Kräfte dadurch verkompliziert, dass sich die zuvor bei den zurückgeschlagenen Angriffen in Weinbergen und Hohlwegen Deckung suchenden Soldaten der einzelnen Regimenter bei den erneuten Angriffen folgender Truppenteile diesen anschlossen und diese sich so nach und nach vermischten.

---

[228] Pfister, Denkwürdigkeiten, S. 514.
[229] Zit. nach Pfister, Denkwürdigkeiten, S. 514.
[230] So der württembergische Divisionskommandeur, Generalleutnant von Hardegg, zit. nach N.N., Die Gefechte bei Hundheim, Werbach und Tauberbischofsheim am 23. und 24. Juli 1866. Als Anhang die Feier zur Enthüllung des Monuments der dahier gefallenen heldenmüthigen Württemberger, 2. vermehrte Auflage, Tauberbischofsheim 1868, S. 19.

Tatsächlich ist dies aber kein Ausweis überlegener Führungsleistung der württembergischen Divisionsführung – aber weder der Divisionskommandeur, Generalleutnant von Hardegg, noch sein Stabschef, Generalmajor Eduard von Kallee (1818-1888),[231] schienen sich darüber ernsthafte Gedanken zu machen. Zu ihrer Entlastung ist jedoch auch festzuhalten, dass dies (1.) ihr erstes Gefecht war und (2.) die Überlegenheit der württembergischen Artillerie stellenweise zur Unterbrechung des preußischen Artilleriefeuers geführt hat. Sie konnten daher davon ausgehen, dass zumindest einem der Angriffe Erfolg beschieden sein konnte, wenn er begleitet wurde von eigener artilleristischer Feuerüberlegenheit; auch gingen sie wohl – aufgrund der Begrenztheit der selbst mitgeführten Munitionsvorräte – davon aus, dass die enorme Anzahl verschossener Munition auf preußischer Seite (allerdings: zu welchem Preis?) zu einem Engpass führen musste.

Das fortgesetzte ständige Anrennen der Württemberger zwang den Kommandeur des 55. (preuß.) Infanterie-Regiments letztlich auch zum Einsatz aller Reserven seines Verbandes und auch der Brigadekommandeur gab seine Reserve – das Füsilier-Bataillon Lippe – frei und beorderte es nach vorne. Zudem ließ Oberst Stoltz das 1. Bataillon seines Regiments die Tauber durchwaten. Nach Erreichen des rechten Ufers konnten sich dessen Soldaten an der Lorenz-Kapelle festsetzen, von wo es möglich war, die anstürmenden württembergischen Truppen in deren linker Flanke wirksam zu bekämpfen. Fast gleichzeitig aber „verstummte jetzt das Feuer von Batterie Coester, denn die dreifach überlegene feindliche Artillerie hatte ihr ein Geschütz demontiert und die anderen so beschädigt, daß die ganze Batterie zurückgehen mußte, um sich wieder gefechtsfähig zu machen. Währenddessen richtete die feindliche Artillerie ihr ganzes Feuer auf

---

[231] Der Generalstabschef der württembergischen Division, Generalmajor Eduard von Kallee, und König Karl waren wohl beide Söhne von König Wilhelm I. – von Kallee natürlich ein unehelicher, vgl. Hannsmartin Decker-Hauff, Quellen zur Gründungsgeschichte der Naturwissenschaftlichen Fakultät in Tübingen 1859-1863, Tübingen 1963, S. 28: „Der glänzend begabte, weltgewandte und erfolgreiche General von Kallee, vom König mit einer Deutlichkeit bevorzugt, die einer Vaterschaftsanerkennung gleichkam"; zudem Sauer, Reformer auf dem Königsthron, S. 163.

die Stadt und deren Eingänge, und wurde namentlich die Tauberbrücke derartig beschossen, daß sie ganz unpassierbar war."[232]
Die taktische Unterlegenheit der preußischen Artillerie zu diesem Zeitpunkt resultierte daraus, dass (1.) die Geschütze der Batterie Eynatten II nicht so weit trugen wie jene Coesters und (2.) die 16 württembergischen Geschütze auf dem Hammberg von den beiden zuvor an der Dittigheimer Straße aufgestellten Geschützen der Batterie Roschmann nach deren Rückzug Unterstützung erhielten. Das konzentrierte Feuer der nun 18 Geschütze bewirkte so auch aufseiten der preußischen Infanterie eine „Munitionskrise", da die Nachführung ihrer Patronen über die Brücke nun nicht mehr möglich war – indes: „die Kompagnie Weising machte sich dadurch verdient, daß sie, durch die Tauber watend, den jenseits eingenisteten Schützen Munition zutrug."[233] Damit war dieses preußische Bataillon wieder in die Lage versetzt, den nächsten württembergischen Angriff zu erwidern.

Die Intensität der Kämpfe steigerte sich mit Zunahme der Dauer des Gefechts. Der (negative) „Höhepunkt" aus württembergischer Perspektive war dann der Einsatz der 3. Brigade, die mit den beiden ersten Bataillonen des 3. und 8. Infanterieregiments sowie dem 1. Kgl. Württembergischen Jägerbataillon und dem 2. Bataillon des 8. Infanterie-Regiments kurz nach 16 Uhr links an der Lorenz-Kapelle vorbei angriff[234] – begleitet vom Feuer der beiden württembergischen Batterien und zwei Batterien der Artilleriereserve, die Prinz Alexander zuvor schon nach vorne befohlen hatte.[235]

Gleichwohl: trotz dieser starken Artillerieunterstützung brach auch dieser – fünfte – Angriff der Württemberger zusammen in einem „Kreuz- und Etagen-Feuer",[236] unter das sie von den preußischen Soldaten in der Stadt – zum Teil von Dächern – und der den Würt-

---

[232] So Wrangel, nach Adda Freifrau von Liliencron, Krieg und Frieden, S. 89.
[233] So weiter ausführend Wrangel, nach Adda Freifrau von Liliencron, Krieg und Frieden, S. 90.
[234] Vgl. Baur-Breitenfeld, Operationen des achten deutschen Bundes-Corps, S. 88.
[235] Vgl. Prinz Alexander, Feldzugs-Journal, S. 20f.
[236] Diesen plakativen und pointierten Begriff benutzt Fontane, Der deutsche Krieg von 1866, S. 219 zur Veranschaulichung seiner Schilderung.

tembergern zugewandten Seite des Flusses vom Damm aus genommen wurden: „Das heftige Feuer des Feindes, welches hier in die Enge der Schlucht gerichtet war, gab Anlaß, die geschlossenen Bataillone hinter die Umbiegung der Schlucht zurückzunehmen."[237] Dabei konnten die württembergischen Infanteristen die preußischen Schützen nicht sehen, wohl aber die „Rauchwölkchen, die aus Dächern, Fenstern und hinter Bäumen aufstiegen"[238]. Wahrscheinlich fielen bei diesem letzten – verzweifelten – Angriff die meisten Württemberger an diesem Tage, da die (3.) Brigade Hegelmaier von allen Verbänden die höchsten Verluste zu verzeichnen hatte.[239]

Dabei wurden sogar die Verluste des Infanterie-Regiments „König Karl" übertroffen, dessen beiden Bataillone nach ihrem ersten Angriff nicht mehr eingesetzt wurden. Nicht (mehr) zu klären ist in diesem Zusammenhang, inwiefern (1.) der Traditionsname des Verbandes der Grund für den Einsatz des Regiments zu Beginn der Schlacht war – sollten die Soldaten die Ehre des königlichen Traditionsnamens mit ihrem Blut bezeugen, oder sollten so bei einem Erfolg die militärischen Meriten auf den gänzlich unmilitärischen Monarchen übertragen werden? Im Umkehrschluss stellt sich (2.) die Frage, inwiefern die unerwartet hohen Verluste und der Traditionsname die Soldaten vor einem zweiten Einsatz in der Schlacht bewahrten – denn: welcher General will gegenüber seinem Monarchen die Zerschlagung „seines" (Traditions-) Regiments verantworten?

Nachdem der letzte Versuch, die Brücke zu stürmen, ergebnislos blieb, wurde eine Plänklerkompanie – i.e. leichte Infanterie in verstreuter Formation – am Feind belassen. Das daraus resultierende „stehende Feuergefecht" war der Beginn des Endes des Gefechts.[240] Ab 18 Uhr wurden die Feuerwechsel sukzessive weniger, spätestens um 19.30 Uhr wurde das Gefecht – zuletzt fast nur noch württembergisches und österreichisches Artilleriefeuer – vonseiten des VIII.

---

[237] Pfister, Denkwürdigkeiten, S. 515.
[238] Pfister, Denkwürdigkeiten, S. 515.
[239] Vgl. die Verlustlisten des Gefechts bei Tauberbischofsheim bei Klaus Müller, 1866: Bismarcks deutscher Bruderkrieg. Königgrätz und die Schlachten auf deutschem Boden, Graz 2007, S. 244-246.
[240] Vgl. Pfister, Denkwürdigkeiten, S. 515.

Korps wie auch der württembergischen Divisionsführung, nachdem sämtliche bei Tauberbischofsheim eingesetzten Bataillone im feindlichen Feuer gestanden waren, abgebrochen.[241] Das allgemeine Zurücknehmen der Truppen, verzögert durch das Aufsuchen und Mitführen der Verwundeten sowie der Sperrwirkung der bereits zu Beginn der Schlacht von preußischer Artillerie zerstörten württembergischen Proviantkolonne auf der Würzburger Straße, erfolgte im Schutz starken eigenen Artilleriefeuers auf Tauberbischofsheim, weshalb die Stadt nicht nur während sondern auch nach der Schlacht erheblich in Mitleidenschaft gezogen wurde[242]: „Nach kurzer Zeit brannte die Stadt an mehreren Orten."[243]

Das Beschießen des Ortes auch während des Rückzuges der Infanterie sollte ursprünglich noch längere Zeit fortgesetzt werden, was allerdings durch den Korps-Kommandanten nach „eindringlichen Vorstellungen" seines Artillerie-Direktors, des großherzoglich-badischen Generalleutnants Philipp von Faber (1807-1874), unterbunden wurde. Dieser wies darauf hin, „daß Tauberbischofsheim zu einem befreundeten Nachbarstaat gehöre, und daß das Niederbrennen der Stadt gar nicht einmal absolut notwendig sei."[244]

Neben dieser politisch und militärisch begründeten Ansicht mag aber vielleicht auch noch eine humanitäre Perspektive als Beweggrund ausschlaggebend gewesen sein: Bereits im Jahr zuvor – am 22. Juni 1865 – war die von zwölf europäischen Mächten unterzeichnete, mit zehn Artikeln indes nur knapp gehaltene „Genfer Konvention über die Verbesserung des Loses der verletzten Militärpersonen der im Felde stehenden Heere" in Kraft getreten. Von den bei Tauberbischofsheim und Umgebung Krieg führenden Parteien waren Preußen, Baden, Hessen und Württemberg unter den „Gründungsmitgliedern". Wie selektiv das Schutzzeichen des „Roten Kreuzes" jedoch – möglicherweise indes aufgrund schlechter Sicht oder blanker Unkenntnis –

---

[241] Vgl. Baur-Breitenfeld, Operationen des achten deutschen Bundes-Corps, S. 93 und Prinz Alexander, Feldzugs-Journal, S. 21.
[242] Vgl. Berberich, Tauberbischofsheim, S. 169-174.
[243] Baur-Breitenfeld, Operationen des achten deutschen Bundes-Corps, S. 90.
[244] Zit. nach Berberich, Tauberbischofsheim, S. 170.

1866 geachtet wurde, zeigt die Klage badischer Truppen, die der preußischen Artillerie vorwarfen, „stundenlag" auch Transportzüge von Verwundeten beschossen zu haben.[245]
Für die Beendigung des Gefechts gab es zwei Gründe: erstens waren die Verluste unerwartet hoch und zweitens war ein Erfolg schon deshalb kaum mehr möglich, da im nördlichen Abschnitt bei Werbach die Gesamtlage eine dramatische Wendung genommen hatte. Am späten Nachmittag „fiel es dem Corps-Commandanten auf, daß während das Feuer bei Impfingen thätig fortdauerte, aus der Gegend bei Werbach gar nichts gehört wurde, obschon man doch feindliche Colonnen auf den Höhen oberhalb Hochhausen sich entwickeln sah. Es wurden mehrere Offiziere ausgesendet, um sich nach dem Stande der Dinge bei der 2. (badischen) Division zu erkundigen; dieselben kamen mit der Meldung zurück, daß die ganze Position verlassen sei, und Niemand über das Marschziel der 2. Division etwas habe berichten zu können."[246]
Durch diesen badischen Rückzug – die badische Armee musste dadurch großherzoglich-badisches Staatsgebiet verlassen! – über Brunnthal in Richtung Altertheim trotz ausbleibender Verfolgung durch die oldenburgisch-hanseatische Brigade erwuchs den württembergischen Truppen daher eine Gefahr auf ihrer rechten Flanke, die bei einem Vorrücken weiterer preußischer Regimenter – evtl. auch südlich von Tauberbischofsheim in Richtung Dittigheim durch die beiden weiteren Bataillone des 15. Regiments und die Kräfte der auf dem Plateau

---

[245] Vgl. Rufin Mellentin, Die Idee des Roten Kreuzes und die Anfänge des Militärsanitätswesens, in: Reichseinigungskriege, S. 83-88, hier S. 84. Indes ist hier daran zu erinnern, dass die Badener bei Werbach und nicht bei Tauberbischofsheim standen und kämpften sowie die behauptete Dauer der Beschießung in keinem Verhältnis zur Kampfzeit der Badener stand. Der preußische Angriff begann gegen 13.30 Uhr und um 16.00 Uhr hatten die Badener ihren Rückzug angetreten. Da aber die preußische Artillerie im Feuerkampf die badischen Geschütze „zum Schweigen" brachte (vgl. Prinz Alexander, Feldzugs-Journal, S. 21), ist es durchaus wahrscheinlich, dass die Intensität des Artillerieduells zu vielen Treffern neben den Geschützstellungen – und somit auch bei den Transportzügen – geführt hat.
[246] Baur-Breitenfeld, Operationen des achten deutschen Bundes-Corps, S. 90 und weiter auf S. 92: „Erst später in der Nacht kam die Nachricht ins Hauptquartier, daß sie jenseits von Ober-Altertheim lagere."

vor Tauberbischofsheim erscheinenden Brigade von Kummer – zu einer (beidseitigen) Überflügelung hätte führen können. Zur Sicherung seiner akut gefährdeten rechten Flanke sandte Prinz Alexander die 3. (hessische) Division nach Wenkheim.

Wie sehr das eigenmächtige Verhalten der badischen Kräfte die Aufstellung und Gefechtsführung des VIII. Korps beeinträchtigte, wird klar, wenn dessen Gesamtabsicht betrachtet wird. Die eigenmächtige Absetzbewegung nahm nicht nur den rechten Flügel der Gesamtaufstellung weg, sondern schuf damit – bei einem preußischen Vorrücken – auch eine potentielle Flanken- und Rückenbedrohung. Darüber hinaus ging die Korpsführung zu diesem Zeitpunkt noch vom indes ausgebliebenen, jedoch am 23. Juli in Aussicht gestellten Marsch bayerischer Kräfte (1. bayerische Division) in Richtung Wertheim aus.[247] Ohne badische und bayerische Truppen machte die Fortführung der Schlacht an der Tauberlinie jedoch keinen Sinn mehr.

Es war daher auch – aus der Not der Situation geborene – „überlegene" Führungskunst, dass Prinz Alexander von der 4. (österreichisch-nassauischen) Division, seine Korpsreserve, die Herzogl. Nassauische Brigade (Generalmajor Roth), in nördlicher Richtung nach Impfingen befahl, um die Verbindung mit der dort kämpfenden Brigade Fischer herstellen zu lassen. Zudem beorderte er die österreichische Brigade von Generalmajor von Hahn entlang der Würzburger Straße nach vorne, um die württembergische Division zu unterstützen und auf die Brücke vorzugehen. Preußisches Artilleriefeuer brachte die Österreicher jedoch zum Stehen, woraufhin die Weiterführung des Gefechtes unterbunden wurde.[248]

Noch mehr Opfer waren nicht zu verantworten. Die 4. Division hatte daraufhin mehr den Rückzug der Württemberger auf Groß-Rinderfeld als den bereits erfolgten der 2. (badischen) Division nach

---

[247] Vgl. für die Anlage der Schlacht aus Sicht des VIII. Korps Baur-Breitenfeld, Operationen des achten deutschen Bundes-Corps, S. 83: „Insbesondere wurde auf die angekündigte Bewegung der 1. bayerischen Division gegen Wertheim der entschiedenste Werth gelegt" sowie S. 92 und S. 97.
[248] Vgl. Prinz Alexander, Feldzugs-Journal, S. 21 und Baur-Breitenfeld, Operationen des achten deutschen Bundes-Corps, S. 92.

Ober-Altertheim zu decken. Eine Verfolgung des abrückenden VIII. Korps durch die Preußen unterblieb – auch auf ihrer Seite forderten die Anstrengungen des Tages ihren Tribut. Lediglich die noch frischen Kräfte der Brigade Kummer wurden als Vorposten auf das rechte Tauberufer vorgezogen, um die ermatteten preußischen Soldaten des 55. Infanterie-Regiments zu entlasten.

Während Soldaten der österreichischen Brigade nur kurzfristig bei ihrem Vorrücken einige verwundeten Württemberger bergen konnten, wurde das mit unzähligen Gefallenen und Verwundeten übersäte, zwischen Tauber und Hammberg gelegene Terrain im Anschluss an die Schlacht von Bürgern der Stadt und preußischen Truppen nach Verwundeten abgesucht. Es entsprach zeittypischen Vorstellungen, dass die das Gefecht in ihren Memoiren resp. Berichten beschreibenden (höheren) Offiziere (preuß. Generalstabswerk, Prinz Alexander, Baur-Breitenfeld, aber auch Pfister) keinerlei Aussagen über das Los der Verwundeten wiedergaben – zu sehr dominierte die exakte Nachvollziehung taktischer Abläufe deren Darstellungen, die sich folglich „professionell" auf das genuin militärische Metier („Führung" bei Planung und Verlauf des Gefechts) beschränkten.

Das „Nachleben" des Gefechts wurde jedoch von einem preußischen Soldaten des 15. Infanterie-Regiments festgehalten: „An dem Rande dieser Höhe war der Stützpunkt fast aller avancirenden feindlichen Colonnen. Hier hatte auch das Gewehr unserer Schützen seine blutige Ernte gehalten. Wir begleiteten den Stadtpfarrer von Bischofsheim und seine beiden Capläne, die mit aufrecht getragener Monstranz die Chaussee hinauf zogen, um den Sterbenden und Verwundeten die heiligen Sterbesacramente zu reichen. Gefolgt waren diese geistlichen Herren von Mannschaften unserer 5. Compagnie mit Kochgeschirren voller Wasser, denn die Verwundeten flehten nach Erquickung. Alle Lazarethgehülfen und Krankenträger der engagirt gewesenen Bataillone gingen suchend auf diesen Feldern umher, um dem hülflosen Feinde den erbetenen Liebesdienst zu erweisen. Ganze Corporalschaften (...) folgten den Chirurgen, um die Verwundeten in die Stadt zu tragen. Das traurigste Bild bot aber die schon erwähnte Straße nach Groß-Rinderfeld. Hier hatten, rasch hintereinander, drei, vier Granaten der Batterie Cöster (andre Berichte nennen die Batterie Eynatten) die Bespannung einer ganzen Proviantcolonne niedergerissen und zwischen todten und verwundeten Pferden, von ihren Führern längst verlassen, stand nun hier die endlos lange Wagenreihe. Der Anblick war entsetzlich; aber nichts unsentimentaler als der Krieg."[249] Aber auch in der Stadt lief die Versorgung der nach Hunderten zählenden Verwundeten auf „Hochtouren": „Bald waren alle verfügbaren Räumlichkeiten mit Verwundeten überfüllt: das erst vor kurzem neugebaute sowie das alte Spital, die Krankensäle, sogar die Gänge, das Rentamtgebäude (...), ein Flügel des Klostergebäudes und die Schulhäuser; da war kein Unterschied zwischen Freund und Feind, und die Verwundeten wie die Aerzte rühmten die Opferwilligkeit der Einwohnerschaft, die aus jedem Hause trotz der eigenen großen Bedürfnisse den Lazarethen Speisen und Getränke in ausgiebiger Menge schickte und mit großer Hingebung sich am Krankendienste beteiligte."[250] Trotz dieses Einsatzes sind viele der schwerstverwundeten Soldaten noch an Ort und Stelle auf dem Schlachtfeld oder in den nächsten Tagen in den (provisorischen) Lazaretten ihren Wunden erlegen.

Die Zahlen über die württembergischen Verluste bei Tauberbischofsheim – Gefallene und Verwundete – werden in der Literatur unterschiedlich angegeben: Auch wenn ihre Tendenz in sich stimmig ist, so fallen die exakten Angaben auseinander – nicht zuletzt auch deshalb, weil einige Werke unter den Verlusten gelegentlich auch Vermisste und Gefangene miteinbeziehen. Dem „blutigen Verlust von 27 Offizieren und 604 Mann"[251] und der Angabe von Gesamtverlusten in Höhe von 684 Mann[252], wovon indes „nur" 42 gefallen sind oder „31 Offiziere und 639 Mann, darunter 6 Offiziere und 54 Mann todt"[253],

---

[249] Zit. nach Fontane, Der deutsche Krieg von 1866, S. 220f.
[250] Berberich, Tauberbischofsheim, S. 171.
[251] Müller-Loebnitz, Württembergische Armee, S. 272.
[252] Vgl. Harder, Handbuch, S. 357 und für die 42 Gefallenen S. 70. Sauer, Württembergisches Heer, S. 196 nennt „26 Offiziere und 657 Mann an Toten und Verwundeten". Eine nach Regimentern und Jägerbataillonen differenzierte Tabelle mit Verlustzahlen bietet Pfister, Denkwürdigkeiten, S. 520.
[253] Fontane, Der deutsche Krieg von 1866, S. 220. Die Verluste von 31 Offizieren und 639 Mann als Ergebnis der „todesmutigen Angriffe" nennt auch Müller, Geschichte des 4. Württembergischen Infanterie-Regiments, S. 121. Als Résumé hält dieser auch fest (S. 122): „In diesem Krieg hat unser Regiment als Festungsbesat-

stehen die etwas geringeren „exakteren" Zahlen des preußischen und österreichischen Generalstabswerkes gegenüber, die freilich auch nicht übereinstimmen.

Während das preußische offizielle Werk über den Feldzug von 1866 sechs Offiziere und 39 Soldaten der Württemberger als gefallen sowie 24 Offiziere und 509 Soldaten beim VIII. Korps als verwundet ausweist – zudem galten ein Offizier und 91 Soldaten als gefangen oder vermisst[254] –, weist das österreichische Pendant sechs Offiziere und 55 Soldaten als gefallen sowie 19 Offiziere und 433 Soldaten als verwundet aus.[255] Diese Angabe korrespondiert mit jenen des Generalstabschefs des VIII. Korps, von Baur-Breitenfeld; lediglich bei den verwundeten Offizieren gibt dieser einen mehr an.[256] Angesichts der Verluste der Preußen mit 16 gefallenen Soldaten sowie zehn Offizieren und 97 Soldaten,[257] die verwundet wurden, übersteigen die württembergischen Verluste – am größten waren sie bei der Brigade Hegelmaier, zu der auch das 1. Jägerbataillon gehörte – jene der preußischen Streitkräfte erheblich.[258]

---

zung keine Gelegenheit gehabt, sich vor dem Feinde auszuzeichnen; dafür war es auch nicht gezwungen, an dem Kampfe Deutscher gegen Deutsche teilzunehmen."
[254] Vgl. Der Feldzug von 1866 in Deutschland, S. 652.
[255] Diese Zahlen liegen auch der Angabe von Prinz Alexander, Feldzugs-Journal, S. 22 zugrunde, der als Vermisste noch 2 Offiziere und 176 Mann hinzufügt.
[256] Vgl. Österreichs Kämpfe im Jahr 1866, nach Feldacten bearbeitet durch das k.k. Generalstabsbureau für Kriegsgeschichte, 5 Bde., Wien 1869, Bd. 5: Die Kriegsereignisse in Westdeutschland im Jahre 1866, S. 141 und Baur-Breitenfeld, Operationen des achten deutschen Bundes-Corps, S. 94, der zudem 2 Offiziere und 176 Unteroffiziere und Soldaten als vermisst ausweist.
[257] Vgl. Der Feldzug von 1866 in Deutschland, S. 652. Fontane, Der deutsche Krieg von 1866, S. 219 nennt „10 Offiziere (1 todt) und 116 Mann, meist vom 55. Regiment".
[258] Im Gegensatz zu diesen seriösen Angaben gibt Berberich, Tauberbischofsheim, S. 168 den Bericht eines „Augenzeugen" aus Tauberbischofsheim wieder, der drei preußische Angriffe über die Tauberbrücke mit enorm hohen Verlusten gesehen haben will. Insgesamt hätten die preußischen Verluste die gewöhnlich angegebenen um das Zwanzigfache überstiegen! Zudem soll (S. 172) die Kirche voller toter Preußen gewesen sein, die in der Nacht begraben wurden. In eine ähnliche Richtung gehend, aber insgesamt defensiver N.N., Die Gefechte bei Hundheim, Werbach und Tauberbischofsheim am 23. und 24. Juli 1866, S. 28.

Die großen Verluste waren das Ergebnis der gewaltigen Überlegenheit des preußischen Infanteriefeuers. Die preußischen Truppen sollen bei Tauberbischofsheim bis zu 73.000 Patronen verschossen haben,[259] nach anderen Angaben sogar zwischen 125.000 und 130.000.[260] Darüber hinaus war – auf der Gegenseite – die Leistung der württembergischen Handfeuerwaffen dadurch eingeschränkt, dass die hölzernen Ladestöcke beim Nachladen während des Feuergefechts aufquollen, weshalb die Aufrechterhaltung kontinuierlichen Feuerns stark nachließ.[261]

Im Zuge der Niederlage bei Tauberbischofsheim folgte ein zügiges, allgemeines Zurücknehmen der Kräfte des VIII. Korps. Weder die Tauberlinie oder sonstige Linien waren zu halten – es galt vielmehr weitere, noch sinnlosere Opfer zu vermeiden. Tatsächlich aber war zu diesem Zeitpunkt das Ende der Auseinandersetzung schon längst absehbar.

Die operative Gesamtlage der beiden süddeutschen Korps, die in der Literatur über den Verlauf des Krieges in Süddeutschland aber allen-

---

[259] Vgl. Tauberbischofsheim. Aus der Geschichte einer alten Amtsstadt, herausgegeben im Eigenverlag der Stadtverwaltung 1955, S. 449 mit Bezug auf die Angabe in der „Kölnischen Zeitung" (noch genauer Berberich, Tauberbischofsheim, S. 173 mit 72.930). Zahlen für die Württemberger liegen nicht vor.

[260] Vgl. Pfister, Denkwürdigkeiten, S. 517. Denkbar ist bei diesen stark differierenden Angaben aber auch, dass Pfister die Gesamtzahl der in der Schlacht verschossenen Patronen – also auch jene der Württemberger mitgerechnet – angab. Berberich, Tauberbischofsheim, S. 173 geht sogar von 145-150.000 Patronen aus, allerdings auch von der vollkommen illusorischen Auffassung, dass die Württemberger „mindestens ebensoviel verschossen" hätten wie die Preußen. Dennoch gilt es an dieser Stelle auf einen Sachverhalt hinzuweisen, der meist übersehen wird. So offensichtlich sich eine „Feuerüberlegenheit" bei der preußischen Infanterie auf den ersten Blick ergeben mag, so sehr ist hier zu differenzieren. Interne Berechnungen der preußischen Armee ergaben für die Gesamtheit des Mainfeldzuges eine Trefferquote von 0,9 Prozent (Werner Eckhardt / Otto Morawietz, Die Handwaffen des brandenburgisch-preußisch-deutschen Heeres 1640-1945, 2. Aufl. Hamburg 1973, S. 123) – nicht einmal jeder hundertste Schuss traf! Aber die Feuerdichte des preußischen Dreyse-Gewehrs machte die Luft für die Württemberger natürlich „bleihaltiger".

[261] Vgl. Albert Pfister, Deutsche Zwietracht. Erinnerungen aus meiner Leutnantszeit, Stuttgart, Berlin 1902, S. 180.

falls kursorische Erwähnung findet, drohte perspektivisch in eine noch ausweglosere Situation zu münden: bereits am 20. Juli führte der General der Infanterie Großherzog Friedrich Franz II. von Mecklenburg-Schwerin (1823-1883) das II. preußische Reservekorps von Leipzig aus über Hof (23. Juli) in Richtung des Raumes um Nürnberg und Fürth. Bei einer Weiterführung der Operationen durch die süddeutschen Korps wären diese von der nachstoßenden Mainarmee und dem dann in der tiefen Flanke stehenden II. (preuß.) Reservekorps von einer Einkesselung bedroht gewesen. Denn das in Franken stehende bayerische „Ostkorps" war den preußischen Kräften nicht gewachsen und musste diesen im Gefecht bei Seybothenreuth am 29. Juli 1866 weichen.[262]

Zudem war nach dem Gefecht bei Tauberbischofsheim der Einsatzwert des VIII. Korps aufgrund der Verluste bei der württembergischen und dem Verhalten der badischen Division nur noch ein sehr bedingter. Für das VII. Korps ging es zwar auch um den Schutz des eigenen – fränkischen – Territoriums, noch mehr aber darum, mit einem zumindest „achtbaren" Erfolg günstige Voraussetzungen für anstehende Waffenstillstands- resp. Friedensverhandlungen zu erzielen und auch dem eigenen Selbstverständnis gerecht zu werden.

Das VIII. Korps wie auch das VII. Korps bewegten sich in allgemeiner Richtung auf Würzburg zurück. Dabei kam es am 25. und 26. Juli noch für die bayerischen Truppen zu den Gefechten bei Helmstadt, Uettingen, Roßbrunn und Hettstadt gegen große Teile der vorrückenden Mainarmee kam.[263]

Der Erfolg einer bayerischen Reiterattacke bei den Hettstadter Höfen mündete für die bayerische Seite rezeptionsgeschichtlich gar in einem Versuch der hagiographischen Überhöhung eines taktischen Teilerfolges nach einem insgesamt desolaten Feldzugsverlauf, für den Prinz Karl selbst mit seinem Tagesbefehl Nr. 9 den Grundstein legte: „Es gereicht mir zur großen Freude, den sämtlichen Teilen der bayerischen Armee meine volle Befriedigung über die Gefechte vom 25.

---

[262] Vgl. Wilhelm Gollwitzer, Das Gefecht bei Seybothenreuth am 29. Juli 1866 mit Allem, was ihm vorausging und nachfolgte, Bayreuth 1932.
[263] Vgl. Frauenholz, Heerführung, S. 81-85.

und 26. im Allgemeinen aussprechen zu können. Insbesondere belobe ich hiemit diejenigen Abteilungen der Kavallerie, welche durch eine gut ausgeführte und vollkommen gelungene Attaque das Gefecht (…) zu einem schönen Abschluß gebracht haben, sowie wiederholt die äußerst intelligente Führung der Batterien und das tapfere Verhalten derselben. Durch diese brave Haltung der bayerischen Truppen wurde die gesamte westdeutsche Bundesarmee glücklich aus der durch den unvermuteten Rückzug des VIII. Bundesarmeekorps entstandenen gefährlichen Situation gebracht."[264]

Wie sehr dabei (bayerische) Selbsteinschätzung und kritischer Blick im Hinblick auf die Gefechte im Raum Uettingen und Hettstadt auseinandergingen, verdeutlicht das Urteil des österreichischen Generalstabsbüros für Kriegsgeschichte aus dem Jahr 1869: „Bayerischerseits verfügte man (…) über eine genügende Macht in jener Gegend, um den Gegner abzuweisen. Doch Mangel an einer einheitlichen Leitung – die Truppen waren von verschiedenen Divisionen und Brigaden und Niemand übernahm den Befehl – war Ursache, dass auch hier die Preussen keinen ernstlichen Widerstand fanden"[265], was letztlich auch Prinz Karl zugeben musste: „Zucht, Schulung, und intelligente Führung sind es, welche fehlen."[266]

---

[264] Zit. nach Frauenholz, Heerführung, S. 171. Möglicherweise ist diese subjektive Interpretation geprägt von der Einschätzung der Gesamtlage, wie sie noch am Morgen des 24. Juli im Hauptquartier des „Reichsheeres" herrschte: „Es führen hier im Hauptquartier jetzt wieder die Streber vom Generalstab das große Wort, welche zu ihrer Restituierung vor Torschluß noch etwas in Clausewitz machen möchten, und sie werden von den Raufbolden sekundiert, die den Preußen noch eine Lektion geben wollen, daß man den Bayer nicht ungestraft reizt", so der württembergische Verbindungsoffizier Albert von Suckow, Rückschau des Königl. Württembergischen Generals der Infanterie und Kriegsministers Albert von Suckow. Im Auftrag Ihrer Excellenz der Frau Gemahlin von Suckow hrsg. und bearb. von Dr. Wilhelm Busch, Tübingen 1909, S. 104.

[265] Österreichs Kämpfe im Jahre 1866. Nach Feldacten bearbeitet durch das k.k. Generalstabs-Bureau für Kriegsgeschichte, Bd.5, Wien 1869, S. 146.

[266] Zit. nach Hans Rall, Die politische Entwicklung von 1848 bis zur Reichsgründung von 1871, in: Max Spindler (Hrsg.), Handbuch der bayerischen Geschichte Bd. IV, 1. Teilband, 2. Aufl. München 1979, S. 259.

Die letztlich nach der Niederlagenserie doch erfolgte Vereinigung des VIII. mit dem (bayerischen) VII. Korps war bezeichnenderweise die einzige erreichte Zielsetzung der alliierten Operationsplanung – mit einmonatiger „Verspätung" am Ende des Krieges! Dieses dokumentierte letztlich mit „amtlich-preußischem Siegel" auch die militärische Bankrotterklärung des Wehrwesens der süd(west)deutschen Mittel- und Kleinstaaten des Deutschen Bundes.

VIII. Militärische und politische Rezeption des Gefechts

Schlachten und Gefechte können Feldzüge und Kriege entscheiden – sie müssen es aber nicht.[267] „Tauberbischofsheim" brachte für das VIII. Korps insofern die Entscheidung, als dass mit dem Übergang der Mainarmee über die Tauber – nicht zuletzt vor dem Hintergrund der allgemeinen politischen, strategischen und operativen Lage – jegliche Fortführung der Operationen auf immer enger werdendem Raum zumindest für das VIII. Korps vollkommen sinnlos wurde.

Die schon längst stattgefundene militärische Entscheidung des Gesamtkrieges bei Königgrätz konnte – vom *politischen* Standpunkt aus – selbst bei einem „kleinen" Sieg gegen die preußische Mainarmee nicht „wettgemacht" werden. Unabdingbare Voraussetzung dafür wäre zudem – vom *operativen* Standpunkt aus – die Vereinigung der beiden süddeutschen Korps gewesen. Und schließlich zeigten – vom *taktischen* Standpunkt aus – die vorangegangenen Niederlagen in den Gefechten vor „Tauberbischofsheim" deutlich die Unterlegenheit der süddeutschen Truppen gegenüber der preußischen Gefechtsführung.

Allein eine hinhaltende Operationsführung mit dem Ziel der Stabilisierung der Tauberlinie konnte dann in einen kleinen politischen Achtungserfolg umgewandelt werden, wenn es gelang, die Preußen am Überschreiten der Tauber zu hindern. Hierzu waren aber keine Truppen westlich der Tauber notwendig. Es hätte vollkommen genügt, bei Tauberbischofsheim entweder die Brücke zu zerstören oder diese

---

[267] Vgl. Klaus-Jürgen Bremm, Im Schatten des Desasters. Zwölf Entscheidungsschlachten in der Geschichte Europas, Norderstedt 2003.

sowie den nur 18 Schritt (ca. 5-6 Meter) breiten und den aufgrund seiner nur geringen, nicht mannshohen Tiefe für die preußischen Kräfte leicht zu durchwatenden Tauber-Abschnitt unter kontinuierliches Artillerie- und Infanteriefeuer zu nehmen.

Die gewichtigste Kritik am Führungsverhalten der württembergischen Division erfolgte durch den (württembergischen) Generalstabschef des VIII. Korps. Er kritisierte – vor dem Hintergrund des folgenden Gefechtsverlaufes und den aus Sicht der Divisionsführung vermeintlich wichtigen Besitz Tauberbischofsheims – die zu Beginn des Gefechts erfolgte Ablösung von Kräften der 3. Brigade durch das 2. Infanterieregiments, das kurz darauf aus der Stadt zurückgenommen wurde: „Entweder konnte Bischofsheim in der That nicht länger gehalten werden, dann wären die späteren Angriffe der 1. und 3. Brigade um den Ort wieder zu erobern, wohl kaum erforderlich gewesen. Oder aber es konnte, und in diesem Falle, es mußte länger gehalten werden, warum gingen die Unterstützungen nicht schon zu einer Zeit vor, wo das 2. Regiment noch im Städtchen sich befand, statt sich später in partiellen Angriffen auf die sehr starke Tauberlinie zu erschöpfen?"[268]

Sinn machten die Gegenangriffe jedoch nur, wenn sie Tauberbischofsheim wieder in württembergischen Besitz bringen sollten, um von dort aus eine größere Gegenoffensive zu beginnen.[269] Dies war aber nicht die Absicht des VIII. Korps, das zu diesem Zeitpunkt in Absprache mit dem VII. Korps die Operationslinie nördlich des Mains legen wollte.

Wollte aber die württembergische Führung die Dynamik der Gefechtsführung aufrechterhalten, war auch ein Gegenangriff mit südlicher Umfassung der Preußen mit zahlenmäßig überlegenen württem-

---

[268] Baur-Breitenfeld, Operationen des achten deutschen Bundes-Corps, S. 95. Ähnlich auch das preußische Generalstabswerk, S. 647: „Man konnte nun erwarten, daß nunmehr der Gegner sich darauf beschränken werde, in seiner überaus starken Stellung jeden Versuch weitern Debouchierens aus Bischofsheim zu verwehren. Statt dessen unternahm derselbe vielmehr eine Reihe von Angriffen, um eben den Punkt zurück zu erobern, den er unlängst, aus nicht zu verwerfenden Gründen, nach geringem Widerstande aufgegeben hatte."

[269] Vgl. Preußisches Generalstabswerk, S. 645.

bergischen Truppen denkbar – „so wäre Bischofsheim ziemlich unhaltbar gewesen und die preußischen Truppen in eine üble Lage gekommen."[270] Gegen eine derartige taktische Maßnahme spricht jedoch die Argumentation des Generalstabschefs des VIII. Korps: „Eine Umgehung vom linken Flügel über Dittigheim, welche man nach dem Gefechte als vortheilhaft dargestellt hatte, würde gar nichts genützt, vielmehr die umgehende Truppe zwischen die Tauber und den hohen Eisenbahndamm gebracht und sie veranlaßt haben, letzteren zu überschreiten, um den hohen und steilen Hohberg zu gewinnen, von dem aus allein eine gehörige Wirkung hätte gehofft werden können. Auf diese Weise wäre jedoch die umgehende Truppe von ihrer Division abgeschnitten und isoliert worden."[271]

Dies war allerdings eine Problematik – überdies vor dem Hintergrund der Gesamtheit der auf die Tauber breit mit 53 Infanterie-Bataillonen, 29 Kavallerie-Schwadronen und 121 Geschützen vorrückenden preußischen Mainarmee – aus Sicht des noch nicht mit dem VII. Korps vereinigten VIII. Korps,[272] nicht aber aus taktischer Perspektive einer im Kampf stehenden württembergischen Division. Für die bei Tauberbischofsheim angreifende preußische Brigade Wrangel mochte diese mögliche südliche Bedrohung als eine zumindest kurzfristig reale erscheinen sein. Denn wenn die nur einen Meter tiefe Tauber von preußischen Soldaten zu durchwaten war, so wäre dies auch den Württembergern möglich gewesen – schließlich besaßen sie aufgrund ihrer längeren Verweildauer vor Ort diese Kenntnis vom „Gelände".

Stattdessen wurden die Württemberger, was die notwendige „Führungsleistung" der preußischen Kommandeure erheblich vereinfachte, sukzessive auf den „Flaschenhals" Tauberbrücke angesetzt, wobei sie versuchten, „in wiederholten heftigen Angriffen die vorgedrungenen Preußen zurückzuwerfen und Bischofsheim wieder zu nehmen".[273] Alleine diese taktisch sinnlosen, wiederholten Angriffsbefehle legen

---

[270] H.v.B., Der deutsche Krieg im Jahre 1866, S. 343.
[271] Baur-Breitenfeld, Operationen des achten deutschen Bundes-Corps, S. 95.
[272] Baur-Breitenfeld, Operationen des achten deutschen Bundes-Corps, S. 96 mit einer differenzierten Zuordnung der Verbände.
[273] H.v.B., Der deutsche Krieg im Jahre 1866, S. 342.

den Schluss nahe, dass von Hardegg und von Kallee „versagt oder die Nerven verloren"[274] haben resp. – milder formuliert – die württembergische Führung aufgrund ihrer Überforderung vollkommen kopf- und planlos agierte.

An dieser Stelle ist auch das Führungsverhalten des Korps-Kommandanten Prinz Alexander kritisch zu betrachten. So sehr er als Oberbefehlshaber eines „Koalitions-Korps" auf verschiedene Befindlichkeiten Rücksicht nehmen musste, so richtig war es, dass er – nachdem ihm „noch vor 3 Uhr zu Groß-Rinderfeld der Beginn des Kampfes bei Tauberbischofsheim gemeldet (Lieutenant Graf Taubenheim)"[275] wurde, sich unverzüglich in die vorderen Linien begab, um ein authentisches Bild von den Ereignissen zu erhalten. Doch ab diesem Zeitpunkt ist die Schilderung des Geschehens aus seiner Feder merkwürdig blass; es entsteht gar der Eindruck, dass er mehr Beobachter blieb als dass er – bis auf den erfolgten Befehl, zwei Batterien der Reserveartillerie auffahren zu lassen[276] – eingegriffen hätte. Dieser Punkt ist auch deshalb von Relevanz, weil er im Vorfeld des Gefechts stets auf die Bedeutung eines gemeinsamen Vorgehens zusammen mit dem VII. Korps verwiesen hatte. Insofern ist es unverständlich, dass er nicht die für seine Gesamtabsicht sinnlosen Frontalangriffe unterbunden hat.

Die Führung der württembergischen Division hielt daher konsequent am zu Beginn des Gefechts rechts der Tauber getroffenen (taktisch falschen!) Entschluss fest – mit fatalen Folgen. Welchem mörderischen Infanteriefeuer die Württemberger dadurch ausgesetzt wurden, verdeutlicht die Annahme, die bereits in der für die preußischen Infanterie seit 1861 gültigen „Allerhöchste[n] Verordnungen über die höheren Truppenübungen"[277] zum Ausdruck kam: bei einem Infanterieangriff über 500 Schritt bis zu den Stellungen des Verteidigers müsste sich ein Angreifer 16 Salven aussetzen – und für die Würt-

---

[274] Sauer, Württembergisches Heer, S. 201.
[275] Baur-Breitenfeld, Operationen des achten deutschen Bundes-Corps, S. 89. Prinz Alexander, Feldzugs-Journal, S. 20 zufolge war es sogar „halb 3 Uhr".
[276] Vgl. Prinz Alexander, Feldzugs-Journal, S. 20.
[277] Vgl. Allerhöchste Verordnungen über die höheren Truppenübungen, Berlin 1861, S. 33.

temberger waren es bei Tauberbischofsheim 600 Schritt![278] Während der Verteidiger in seiner Stellung folglich „ruhig" seinen Feuerkampf führen kann, blieb dem Angreifer im Sturm mit Hinterladern neben dem „Elan" eben nur sein „Opfermut".

Besonders bedrückend wirkt vor diesem Hintergrund auch noch heute die Auffassung des württembergischen Generalstabschefs von Kallee, der Verlauf und Ausgang des Gefechts als „nicht unglücklich" bezeichnete. Schließlich – so von Kallee weiter – sei es gefährlich, „junge unversuchte Truppen im feindlichen Feuer stehen zu lassen, ohne sie selbst in Tätigkeit zu setzen (...) Sodann ist es ein nicht angefochtener Grundsatz, daß die Verteidigung umso besser ihren Zweck erreicht, je aktiver sie geführt wird."[279] Diese Aussage ist zwar richtig, verfehlt jedoch ihre Relevanz vollkommen, wenn dem „Grundsatz" kein hinreichend sinnvoller „Plan" zugrunde liegt – und so war es eben bei Tauberbischofsheim. Während damit von Kallees Selbstrechtfertigung nur zu offensichtlich ist, trifft die Aussage des württembergischen Verbindungsoffiziers beim VII. Korps, Major von Suckow, der von Kallee in Abneigung verbunden war, den Kern, wenn er zu dem Urteil gelangt, dass souveräne Unwissenheit, gepaart mit unfähiger Führung, das Blut der württembergischen Truppen unnötig vergossen hat.[280]

Im Klartext: Tapferkeit und Opfermut der Truppe wurden von einer unfähigen Führung dadurch missbraucht, dass sie die Soldaten offensichtlich im preußischen Feuer sprichwörtlich „verheizt" haben. In eine ähnliche Richtung zielte die Bewertung des preußischen Generalstabswerkes von 1867: „Die württembergischen Truppen, welche an diesem Tage ihr erstes Gefecht hatten, waren mit großer Bravour aber wenig Geschick angetreten.[281]

Auch der Oberbefehlshaber der preußischen Mainarmee zum Zeitpunkt des Gefechts bei Tauberbischofsheim, General Edwin von Manteuffel, fand generell lobende Worte über den militärischen Geist

---

[278] Vgl. Pfister, Denkwürdigkeiten, S. 513.
[279] Zit. nach Sauer, Württembergisches Heer, S. 196.
[280] Vgl. Sauer, Württembergisches Heer, S. 196.
[281] Der Feldzug von 1866 in Deutschland, S. 651.

seiner Gegner: „Tapfer kämpften die Bayern, Württemberger und die Hessen, bloß sehr ungeschickt wie die Bauernburschen."[282] Die „Ungeschicklichkeit" der Württemberger bei Tauberbischofsheim indes war eine Folge schlechter Infanteriewaffen und Ergebnis eines unzureichenden Führungsverhaltens – will man nicht von Versagen oder Unfähigkeit reden –, wofür die „Bauernburschen" nicht verantwortlich zu machen waren.[283]

Wie desolat die Führung war, ist ebenfalls im preußischen Generalstabswerk fachmännisch in prägnanter und pointierter Formulierung festgehalten: „Die Division wußte eine mehrfache Ueberlegenheit nicht zur Geltung zu bringen, sondern erschöpfte ihre Kräfte in stets wiederholten Versuchen, den einen, schwer angreifbaren und durch das preußische Zündnadelgewehr vertheidigten Punkt Bischofsheim zu erstürmen. In diesem Defilee mußten sich schließlich immer die Kräfte ausgleichen und die bessere Bewaffnung der preußischen Infanterie trat in volle Wirksamkeit."[284]

Interessant ist in diesem Zusammenhang auch die Wertung von Theodor Fontane. Er meinte, es sei für die Württemberger besser gewesen, sie hätten in ihrer ostwärts der Tauber liegenden Höhenstellung den preußischen Angriff abgewartet, „statt ihrerseits den Stier bei den Hörnern zu fassen"[285], weshalb sein Urteil lautete: „Verwirrung und ein respektables aber doch falsches point d'honneur". Was konnte für „professionelle" württembergische Militärs schlimmer sein als die profundere Kenntnis des militärischen Einmaleins durch einen Schriftsteller?

Es gibt vom taktischen Gesichtspunkt keine Entschuldigung für die Führungsleistung aufseiten der Württemberger. Es sei denn, dass zur „Entschuldigung" der Gedanke vorgebracht wird, dass durch die ge-

---

[282] Zit. nach Wolfgang Menzel, Der deutsche Krieg im Jahr 1866, in seinen Ursachen, seinem Verlauf und seinen militärischen Folgen, Bd. 1, Stuttgart 1867, S. 64.
[283] Darüber hinaus waren die Württemberger sicherlich nicht nur „Bauernburschen"; vielmehr „überwog im württembergischen Heer das handwerkliche ganz eindeutig das bäuerliche Element", so Schneider, Heeresergänzung und Sozialordnung, in seiner Zusammenfassung, S. 378.
[284] Der Feldzug von 1866 in Deutschland, S. 651f.
[285] Fontane, Der deutsche Krieg von 1866, S. 218.

deckte Aufstellung der 1. und 3. Brigade zu Beginn die Preußen zum Angriff verleitet werden sollten. Unter dieser Perspektive könnte auch eine Art Revision des württembergischen Führungsverhaltens vorgenommen werden. Es könnte dann argumentiert werden, dass die preußische Avantgarde bei Überschreiten der Tauber mit dem entscheidenden Gegenschlag der 1. und 3. Brigade hätte zerschlagen werden können. Andererseits: wäre es wirklich ein Erfolg, wenn drei Brigaden geplant und benötigt werden, um ein – wenn auch erheblich verstärktes – preußisches Regiment zu zerschlagen?[286]

Dieses mehrfach diagnostizierte defizitäre Führungsverhalten hat natürlich seinen wesentlichen Grund darin, dass die Württemberger in Sachen Kriegsgeübtheit den im Feldzug gegen Dänemark zwei Jahre zuvor siegreichen Preußen nichts entgegenzusetzen hatten. Dazu kam auch, dass die Überprüfung der Feldeinsatztauglichkeit durch entsprechende Manöver nicht nur nicht in ausreichendem Maße erfolgt war – seit dem Lager von Cannstatt 1840 fand kein gemeinsames Manöver mit den Korps-Koalitionspartnern mehr statt.

Weder der politische Wille noch die Finanzierung der Streitkräfte war in Württemberg mit der preußischen Seite vergleichbar. Während in Preußen die Armee zum Mittel der Durchsetzung staatlicher Politik nach außen – modern formuliert: Machtprojektion – avancierte, blieb sie in Württemberg ein weitgehend „ungeliebtes Schmuddelkind" zur Förderung innenpolitischer Stabilität und diskursiver „Spielball" für theoretische und politische Auseinandersetzungen der unterschiedlichsten Ansichten über Sinn, Zusammensetzung und Ausrüstung.[287]

Die Preußen hingegen haben nicht politisch „diskutiert"; sie konnten ihre militärischen Erfahrungen in der Operationsführung genauso

---

[286] Diese Ansicht wird indirekt bestätigt vom Kommandeur der 26. Infanterie-Brigade, Generalmajor von Wrangel: Der Feind „mochte außerdem erkannt haben, wie schwach meine Brigade war, die hier einer ganzen Division gegenüberstand", vgl. von Liliencron, S. 88.

[287] Vgl. Sauer, Württembergisches Heer, Kapitel 22: Die öffentliche Meinung in der Frage des Heerwesens. Verhandlungen der Landstände, S. 175-185 und ders., Revolution und Volksbewaffnung. Die württembergischen Bürgerwehren im 19. Jahrhundert sowie zeitgenössisch bereits F.A. Decker, Die Volksbewaffnung in Württemberg. Eines der großartigsten Ereignisse in unserem Jahrhundert, Stuttgart 1848.

erwerben wie im dem auf den Sturm folgenden Nahkampf – wie zum Beispiel während des deutsch-dänischen Krieges bei der Erstürmung der Düppeler Schanzen im April 1864. Und auch im Verlauf des Main-Feldzuges eilten sie – im Vergleich zu den Truppen Württembergs – von einem Gefecht zum anderen. Württembergs überschaubare Armeegröße – wieder im Vergleich zu den preußischen Truppen – hatte nur einen, indes sprichwörtlich sehr theoretischen „Vorzug": die Anzahl der Generalstabsoffiziere in Relation zur Truppenzahl betrug in Preußen 1:1720 und in Württemberg 1:1315.[288] Dennoch waren die höheren militärischen Führer Württembergs – wie jene Bayerns ebenfalls[289] – natürlich ohne Erfahrung in Bezug auf die Operationsführung mit größeren taktischen Körpern. Die württembergischen Generale galten vielmehr als gebildete „Schreibtischstrategen", als solche waren sie nicht energische und praktische militärische Führungspersönlichkeiten – der österreichische Gesandte in Stuttgart, Freiherr von Handel, bezeichnete sie kurz vor Beginn des Krieges in einem Bericht an seine Regierung vom am 12. Juni 1866 gar als das „friedliebendste Element" der württembergischen Armee.[290]

Bei sämtlichen retrospektiven politischen, operativen und taktischen Defiziten, die Erklärungen für die Niederlage im Gefecht von Tauberbischofsheim schonungslos offenlegen, ist indes auch darauf hinzuweisen, dass diese selbstverständlich aufgrund ihrer Offensichtlichkeit bereits den Zeitgenossen bekannt waren – und dies schon vor dem Beginn der Operationsführung.

Prinz Alexander von Hessen-Darmstadt formulierte dies ein Jahr nach dem Gefecht in seinem „Feldzugs-Journal": „Die Mängel der deutschen Bundeskriegsverfassung waren mir bekannt; ich mußte

---

[288] Vgl. Kraus, Probleme der Abrüstung in Bayern, S. 41. Damit „korreliert" in gewisser Hinsicht auch die Zahl der Offiziere in den Hauptquartieren; aber aus verschiedenen Kontingenten zusammengesetzte Koalitionsarmeen haben in der Regel immer mehr Offiziere in ihren Stäben. Während alleine das VIII. Korps daher in seinem Hauptquartier 79 Offiziere aus seinen fünf verschiedenen Armeen versammelte, besaß die ganze preußische Mainarmee nur 21, vgl. Sauer, Württembergisches Heer, S. 189.
[289] Vgl. Gruner, Bayerisches Heer, S. 324.
[290] Vgl. Sauer, Württembergisches Heer, S. 200f.

aber voraussetzen, daß die Staaten, welche sich entschloßen hatten, ihr gutes Recht mit den Waffen in der Hand zu vertheidigen, auch bereit wären, die nothwendigen Opfer zu bringen. Und darin hatte ich mich getäuscht; keiner der bundestreuen Staaten, mit alleiniger Ausnahme des Großherzogtums Hessen, stand gerüstet da. Als Preußen bereits seine Kriegszwecke erreicht hatte, und es mithin zu spät war, gelangte endlich die westdeutsche Bundes-Armee zur nothdürftigen Aufstellung (…) Seit 26 Jahren war das 8. Korps nicht mehr vereinigt worden; die Generale kannten sich kaum gegenseitig, und keiner von ihnen, mit Ausnahme der österreichischen, hatte einen ernsten Feldzug mitgemacht."[291]

Hierbei ist aber darauf zu verweisen, dass Alexander von Hessen seine eigene Position etwas abweichend von seiner früheren Tätigkeit beschrieb, gab er doch im Jahre 1863 als einer der Inspektoren des württembergischen Heeres letztlich – bei nur vage angedeuteten Mängeln – insgesamt einen recht wohlwollenden Bericht ab.[292]

Wie sehr es sich 1866 auf süddeutscher Seite um ein generelles Führungsversagen handelte, wird alleine aus einem Kräftevergleich ersichtlich: Mit 90.000 Mann gegenüber 45.000 der Mainarmee und 270 Geschützen bei der Artillerie gegenüber 97 Kanonen war die aus dem VII. und VIII. Korps gebildete westdeutsche Bundesarmee in personeller Hinsicht doppelt und bei der Artillerie dreifach überlegen![293]

Aber neben der numerischen Überlegenheit und der Qualität von Ausrüstung und Bewaffnung ist insbesondere auch der „Geist" bzw. die „Moral der Truppe" ausschlaggebend für den Waffenerfolg „sur le terrain". Und hier gilt es für den „Bruderkrieg" eben festzuhalten: er wurde „auf beiden Seiten nur mit halbem Herzen begonnen und durchgefochten, auch wenn in Preußen, mehr noch als in Österreich,

---

[291] Prinz Alexander, Feldzugs-Journal, S. 39-40. Mit den „26 Jahren" nahm er Bezug auf das Manöver bei Cannstatt im Jahre 1840.
[292] Vgl. Sauer, Württembergisches Heer, S. 154.
[293] Vgl. Sauer, Württembergisches Heer, S. 192. Es ist in diesem Zusammenhang nicht uninteressant, dass der württembergische Außenminister von Varnbüler noch im April 1866 versprochen hatte, alleine 45.000 württembergische Truppen, satt der dann tatsächlichen 15.500, ins Feld zu stellen – die versprochene Anzahl entsprach jene der Preußen in ihrer Mainarmee, vgl. Sauer, Württembergisches Heer, S. 189.

die Nation selbst in den Kampf geführt wurde. Ihre Massenheere schlugen in Gehorsam und Disziplin die Schlachten, deren Sinn sie nicht verstanden."[294]

Gleichwohl gab es aber auch Augenzeugen des Feldzuges, die die professionelle Qualität einzelner Truppengattungen der Verbündeten des südwestdeutschen Großverbandes hervorgehoben haben: „Die nassauische Infanterie, die badischen Reiter und die österreichischen Batterieen hätten die Garde des VIII. Corps bilden können. Der Stoff für ein prächtiges Heer war vorhanden, nur die Seele fehlte."[295] Unabhängig davon, ob dies wirklich der Realität entsprach, so sind aufgrund dieser Aussage drei Punkte von Relevanz: erstens werden württembergische Truppen nicht erwähnt, zweitens überwiegt bei dieser zeitgenössischen Einschätzung das dynastische Element das „nationale" und drittens wird der Schatten verfehlter Führungsleistung verlängert. Denn: für die kriegerische Entfaltung der seelischen Kräfte der einzelnen Truppen waren mehr als die Unteroffiziere die Offiziere verantwortlich.

Dass bei der Bewertung der Führungsleistung jedoch stets auf die schlechte Führung der Württemberger – auch stellvertretend für alle nicht-preußischen Verbände des Deutschen Bundes – hingewiesen wurde, hat neben tatsächlichen Verfehlungen auch einen ganz pragmatischen Grund: Auch Württemberg führte als neuer Bundesgenosse des preußischen Siegers die allgemeine Wehrpflicht nach dessen Vorbild ein. Das siegreiche Preußen konnte und musste seine Führungsprinzipien zum allgemeinen Leitbild erheben und durchsetzen. Die Tapferkeit der württembergischen Soldaten hingegen wurde von den Preußen hervorgehoben. Damit wurde auch darauf gezielt, den Wehrpflichtgedanken positiv legitimieren zu können – indes unter preußischer politischer und militärischer Führung. Sie hatte sich schließlich – für alle zeitgenössischen Betrachter des Entscheidungsjahres 1866 – als überlegen erwiesen.

---

[294] Wolfgang von Groote, Moltkes Planungen für den Feldzug in Böhmen und ihre Grundlagen, in: Entscheidung 1866, S. 77-104, hier S. 93f.
[295] Zit. nach Fontane, Der deutsche Krieg von 1866, S. 161.

Epilog

Dass der König von Württemberg über sein bisheriges Staatsgebiet ohne territoriale Abtretungen und nach der Bezahlung von acht Millionen Gulden „Kriegsentschädigung" auch nach „1866" noch über eigenes Militär verfügen konnte bzw. durfte,[296] hatte politische Gründe, auf die er als Souverän keinen entscheidenden Einfluss mehr hatte. Dass Württembergs militärische Souveränität fortan unter preußischer Regie stehen musste, hatte offensichtliche politische wie auch militärische Gründe, die sich aus dem Versagen von 1866 ergaben. Nicht nur war jedem aufmerksamen Betrachter der internationalen Szenerie klar, dass der französische Kaiser Napoleon III, der insgeheim auf einen lange andauernden (Abnutzungs-) Krieg zwischen Preußen und Österreich hoffte – er hätte ihm gleichsam automatisch eine von ihm erstrebte machtpolitische (Schiedsrichter-) Rolle in Zentraleuropa eingebracht –, mit dem schnellen preußische Waffenerfolg und der damit verbundenen neuen Rolle Preußens in Europa, eine Herausforderung seiner Position und Ambition sah.

Ein zukünftiger Krieg zwischen Preußen resp. dem von ihm etablierten Norddeutschen Bund und Frankreich lag seither – Stichwort: „Rache für Sadowa"! – sprichwörtlich „in der Luft". Der geographischen Lage des Königreichs Württemberg wegen drohte – nicht zuletzt auch aufgrund seines desolaten Militärwesens – dabei das „Schicksal", wenn schon nicht Schlachtfeld, so doch zumindest (un-)mittelbar betroffenes Gebiet im machtpolitischen Niemandsland zu sein, wenn es zu einem Krieg zwischen Frankreich und dem nach 1866 erheblich territorial und daher machtpolitisch vergrößerten Preußen kommen würde. Dabei wollte Württemberg nach den kurz zurückliegenden militärischen Erfahrungen gegen „die Preußen" nicht nochmals gegen diese stehen. Diese Position galt darüber hinaus – mit Ausnahme Österreichs – *cum grano salis* für alle deutschen Gegner Preußens von 1866.

Kurz nach den Siegen Preußens – in Böhmen bei Königgrätz und eben auch im Main-Feldzug – ergriff der württembergische Außen-

---

[296] Vgl. Harder, Handbuch, S. 70. Bis zur Bezahlung der Kriegsentschädigung blieb Nordwürttemberg bis zum Kocher von preußischen Truppen besetzt.

minister Varnbüler die Initiative und bot dem preußischen Ministerpräsidenten Bismarck – diesem damit entgegenkommend – ein natürlich zunächst geheim gehaltenes Schutz- und Trutzbündnis an,[297] das die württembergischen Truppen im Kriegsfall dem preußischen Oberkommando unterstellte. Mit diesem, das alte Schutzversprechen des aufgelösten Deutschen Bundes für das Königreich Württemberg „erneuernden" Verteidigungsbündnis vom 13. August 1866 – es war dabei sogar der erste süddeutsche Staat, dem später Baden (17. August) und Bayern (22. August) folgten – wurden zentrale Kernelemente staatlicher Souveränität, i.e. Außen-, Sicherheits- und Wehrpolitik, de facto nach Berlin verlagert. Auf einen zukünftigen Krieg, dessen Operationsplanung und -durchführung hatte Württemberg damit keinen wahrzunehmenden realen Einfluss mehr.

Aber eine preußische Führung schien besser als eine bayerische: die Option auf einen staatsrechtlich möglichen, indes nach dem Prager Frieden nicht realisierten Süddeutschen Bund, der aufgrund der Größe Bayerns zu dessen politischer und militärischer Führungsrolle hätte führen können, lehnte der württembergische Außenminister von Varnbüler im November 1867 ab; für ihn kam eine „Unterordnung unter die noch unfähigeren Bayern"[298] nicht in Frage. Auch hier spiegelte sich nochmals der latente Dissens innerhalb der süddeutschen „Trias-Politik" zwischen Baden, Bayern und Württemberg. Während letztlich dynastische (staats-) politische Gründe aufseiten Württembergs zu einer de-facto-Übernahme des preußischen Militärmodells sprachen, führten die „Kriegserfahrungen" sowie die zu erwartenden exorbitanten Kosten bei der Einführung moderner Artilleriesysteme und Infanterie-Handfeuerwaffen gar dazu, dass norddeutsche

---

[297] Vgl. Karl Weller / Arnold Weller, Württembergische Geschichte im südwestdeutschen Raum, 8. Aufl. Stuttgart 1975, S. 259 und im Überblick u.a. Jens Peter Kutz, Vom Bruderkrieg zum „casus foederis". Die Schutz- und Trutzbündnisse zwischen den süddeutschen Staaten und Preußen 1866-1870 (= Europäische Hochschulschriften Reihe 3: Geschichte und ihre Hilfswissenschaften Bd. 1045), Frankfurt/M. 2007.

[298] Zit. nach Klaus Albrecht Lankheit, Preußen und die Frage der europäischen Abrüstung 1867-1870 (= Einzelschriften zur Militärgeschichte, Bd. 37), Freiburg 1993, S. 141.

Klein(st)-Monarchien wie Altenburg, Lippe-Detmold, Meiningen und Coburg-Gotha mit Preußen Verhandlungen über die Mediatisierung ihrer „Staaten" führten.[299] Zumindest in dieser Perspektive blieb Württemberg also „souverän" – die Übernahme preußischer Ausbildungsverfahren wurde, verstärkt durch den drohenden Krieg im Zuge der Luxemburg-Krise, dadurch kaschiert, dass badische Soldaten dabei als Instruktoren wirkten.[300]

Selbst wenn die Württembergische Feld-Division im Rahmen der 3. Armee unter der Führung des preußischen Kronprinzen Friedrich Wilhelm während des deutsch-französischen Krieges von 1870/71 noch an einigen Schlachten beteiligt war, so kann sie doch nicht als eigenständige operative Größe betrachtet werden. Nichts aber dokumentierte die „Unterordnung" Württembergs deutlicher als die Tatsache, dass der Kommandeur seiner Division der preußische Generalleutnant Hugo von Obernitz (1819-1901) war.[301] Auch deshalb war das Gefecht bei Tauberbischofsheim das letzte württembergische Gefecht, das aus eigener Souveränität heraus geführt wurde. Gleichwohl: Ihre „Bestätigung" erhielten die württembergischen Folgerungen aus dem „Desaster von 1866" durch das „Zwischenhoch" von 1870/71, das zur Reichsbildung führte. Die daraufhin tatsächlich betriebene „siegesdeutsche" Geschichts- und Erinnerungskultur jedoch führte bekanntlich zu einer Fokussierung auf die genuin militärische Variante der Politik. Auch das württembergische (nicht einmal mehr teilsouveräne) Militär marschierte fortan im Vertrauen auf die Überlegenheit des preußisch-deutschen Militärmodells – diesmal in unreflektierter „Nibelungentreue" – mit „den Preußen" in die politische, strategische und militärische Kulminationskatastrophe des Ersten Weltkrieges.[302]

---

[299] Vgl. Otto Becker, Bismarcks Ringen um Deutschlands Gestaltung, herausgegeben und ergänzt von Alexander Scharff, Heidelberg 1958, S. 300.
[300] Vgl. zu diesem Prozess Albert von Suckow, Rückschau, S. 127f.
[301] Vgl. Harder, Handbuch, S. 71-74. Auch sein Chef des Stabes, Oberst von Bock, war ein preußischer Offizier.
[302] Vgl. Eberhard Birk, Das Deutsche Reich und der Erste Weltkrieg. Unvollkommene Betrachtungen zu einer politischen, strategischen und militärischen Kulminationskatastrophe, in: Der Große Krieg – La Guerre Grande – The Great War, hg.

IX. Fazit

Der am 8. Juni 1815 auf dem Wiener Kongress konstituierte Deutsche Bund galt den Siegern des anti-napoleonischen „Befreiungskrieges" vor dem Hintergrund der Prinzipien Restauration, Legitimität („Gottesgnadentum") und fürstlicher Solidarität auf der Basis des Christentums („Heilige Allianz") als Beitrag zur Stabilität einer „Balance of Power" – und damit vor allem auch als „europäische Antwort" auf die „deutsche Frage". Der formale Zweck des Deutschen Bundes war daraus folgend nach Artikel 2 der Bundesakte die „Erhaltung der äußeren und inneren Sicherheit Deutschlands und der Unabhängigkeit und Unverletzbarkeit der einzelnen deutschen Staaten." Ein – möglicher – Krieg der Mitgliedstaaten untereinander blieb nach Art. 11 der Bundesakte ausgeschlossen.

Auf dieser Grundlage entstand das Bundesheer als „Bündnisarmee"; da jedoch neben den deutschen Großmächten Österreich und Preußen die einzelnen Souveräne ihre „Wehrhoheit" behielten, zog die daraus folgende Eigenständigkeit aller Truppen des „dritten Deutschland" deren Einsatzwert enge Grenzen. Die dynastischen Armeen dienten vielmehr vornehmlich dem Zweck, als Friedensheer für die Aufrechterhaltung der „Ordnung" bei der Bekämpfung von (potentiellen) Aufständen im Inneren der Staaten „Gewehr bei Fuß" zu stehen. Der „Ernstfall" des Militärwesens des Deutschen Bundes war daher der „innere" Frieden. Das galt grundsätzlich auch für die württembergischen Streitkräfte. Diese waren nur locker mit den anderen Armeen verbunden im „bunten" Kontingentsheer, welches wiederum – als Spiegelung des k.k.-„Völkerheeres" in kleinerem Rahmen – insbesondere im Falle des VIII. Korps ein institutionalisiertes genuin südwestdeutsches Sammelsurium bildete.

Was aus der Retrospektive in hohem Maße als militärische dysfunktional erscheint, war jedoch das Rational der Politik: die „Militärfrage" war nicht nur im 19. Jahrhundert ein zentrales Kriterium der Souveränität. Besitz, Organisation und Unterhalt von Streitkräften waren die Grundbedingung souveränen politischen Handelns! Dieser Logik

---

von GEMINI – Gemeinsame Initiative der bundeszentralen Träger politischer Jugendbildung im Bundesausschuss Politische Bildung (bap), Berlin 2014, S. 22-43.

folgten – trotz aller Defizite – alle Akteure im Deutschen Bund. Die Rolle Württembergs in der Zeit des Deutschen Bundes in Angelegenheiten des Militärs und der damit verbundenen Frage nach der Ausgestaltung der Dimension der „bewaffneten Macht" ist daher ein Spiegelbild sämtlicher Rahmenbedingungen des Zeitalters.

Die Sicherung des „äußeren" Friedens wurde der „bewaffneten Diplomatie" der deutschen und europäischen Großmächte anvertraut. Dies wirkte sich auch auf die Schlagkräftigkeit der Verbände des Bundesheeres aus. Sie konnten letztlich im Kriegsfalle nur dann mit Aussicht auf Erfolg eingesetzt werden, wenn sie sich als „Auxiliartruppen" entweder der österreichischen oder preußischen Armee unterstellten resp. „unterwarfen". Diese Prämisse galt indes nur für den Fall einer gemeinsamen Verteidigung gegen einen *äußeren* Gegner. In der Situation der Konfrontation zwischen den beiden dominanten Rivalen Preußen und Österreich *innerhalb* des Deutschen Bundes aber musste das heterogenen Zielsetzungen dienende Kontingentsheer als militärisches Torso versagen. Ein „1866" war bei der Konstituierung des Deutschen Bundes einfach nicht vorgesehen. Möglicherweise wurde von den Mittel- und Kleinstaaten zu sehr auf dessen von den europäischen Großmächten intendierte sowie „garantierte" – und ihnen selbst erhoffte – Funktion resp. Bedeutung als (zentral-) europäisches Friedensprojekt vertraut.

Als Preußen im Bewusstsein eigener Stärke den Bruch wagte, waren daher nur die beiden deutschen Großmächte mit ihren kriegserfahrenen Truppen für einen Waffengang vorbereitet. Ängste um die Beibehaltung ihrer Souveränität, auch vor einem möglichen „Arrangement" zwischen Preußen und Österreich, ließen die süddeutschen Staaten, die einer militärischen Konfrontation ausweichen wollten, 1866 widerwillig die Waffen ergreifen. Die süddeutschen Kontingente des „Bundesheeres" von 1866 waren die militärische Version des politischen Bundestages.

Für Preußen war der Krieg gegen die Truppen des Deutschen Bundes im süddeutschen Bundesgebiet ein Nebenkriegsschauplatz, geführt darüber hinaus mit Masse mit zusammengezogenen Truppen aus preußischen Festungen. Die Feldzüge in Böhmen und im „Norden" gegen das Königreich Hannover waren weitaus wichtiger als jener gegen die Truppen des VII. und VIII. Korps. Schließlich galt es die preußische Macht in der unmittelbaren territorialen Nähe stärker auszubauen. Insofern war der sich anschließende Kriegsverlauf in Süddeutschland lediglich eine „Zugabe".

Zudem schränkten die jeweils „egoistischen", heterogenen Ziele der Südstaaten – in erster Linie Aufrechterhaltung ihrer territorialen Souveränität bei Schonung ihrer geringen militärischen Kräfte – die bündnispolitischen und gemeinsamen „strategisch-operativen" Abstimmungen und Handlungen stark ein.

Konzise Planung – zumindest für den Feldzug gegen die Habsburgermonarchie – und flexible Operationsführung hingegen (selbst) auf dem süddeutschen „Kriegstheater" sowie die Aufrechterhaltung der Dynamik waren neben Ausbildung und Bewaffnung die ausschlaggebenden Erfolgsfaktoren auf preußischer Seite.

Die generelle operative Absicht der preußischen Mainarmee war es, die beiden Korps des Bundes zu isolieren, um sie in einer Reihe von Gefechten einzeln zu schlagen. Dies gelang auch, weil sich die beiden süddeutschen Kontingentführer genauso verhielten, wie es im 18. Jahrhundert geradezu zu einem geflügelten Wort wurde: „nous avons travailler tous pour le roi de Prusse" (dt.: wir haben alle für den preußischen König gearbeitet). Unwille oder Unfähigkeit zu einem gemeinsamen Vorgehen ließen letztlich die beiden süddeutschen Korps zu einem leichten Opfer überlegener preußischer Operationsführung werden. In Anlehnung resp. Abwandlung im Hinblick auf einen klassischen Grundsatz sind die beiden süddeutschen Korps „getrennt marschiert", haben „getrennt geschlagen" und daher auch – gemeinsam – „getrennt verloren".

Getrieben wurden die dem Gefecht bei Tauberbischofsheim vorangehenden Operationen des VIII. Korps von der Furcht, dass die Preußen ansonsten weiter nach „Süden" durchstoßen und die Territorien der süddeutschen Staaten besetzen würden; dies war insofern nicht ganz unberechtigt als König Wilhelm I. von Preußen bekanntlich nach dem Sieg bei Königgrätz nur durch Bismarcks Rücktrittsdrohung von einer Siegesparade in Wien abgehalten werden konnte. Diese politische Befürchtung war in Baden – verwandtschaftlicher Beziehungen zum preußischen Königshaus wegen – wohl weniger ausgeprägt als im dem österreichischen Kaisertum näherstehenden

Königreich Württemberg. Es hatte ein ähnliches Schicksal wie das Königreich Hannover vor Augen, das, politisch Österreich näher als Preußen stehend, gänzlich durch Preußen besetzt wurde.
Natürlich gab es auch damals Einsichtige, die Eingaben bis an die höchsten Stellen schrieben, um nach „Königgrätz" zu einer sofortigen Kriegsbeendigung zu gelangen, schien doch die Weiterführung des Krieges unnütz; wer wollte ein weiteres Blutvergießen verantworten? Gleichwohl gab es auch gegenteilige Positionen: Ist Bündnistreue – überzeitlich gefragt – nur etwas für die Sonnenseite der Geschichte? Dient es der politischen Glaubwürdigkeit des Königreiches Württemberg, in einen „gerechten Krieg" zu ziehen und diesen wegen einer Niederlage des Allianzpartners ohne eigenes Handeln resp. Schlagen zu beenden? Und selbst wenn die politische Aussichtslosigkeit klar vor Augen stand, so galt es doch auch die militärische Ehre zu bewahren. Nach wie vor befand sich der Deutsche Bund schließlich noch im Kriegszustand mit den Preußen.

Gleichwohl wirft es ein bezeichnendes Licht auf die (aus der Not geborenen) Friktionen der Koalitionskriegführung, dass Österreich nach Königgrätz mit den Preußen am 22. Juli – also zwei Tage vor dem Gefecht bei Tauberbischofsheim – ohne Rücksprache mit seinen Alliierten eine Waffenruhe vereinbart hatte, um einen Waffenstillstand auszuhandeln: dieses „Austria first" verdeutlicht nicht nur die Wahrnehmung der desolaten eigenen strategischen Situation durch den Kaiserstaat; es zeigt auch auf, dass den österreichischen Alliierten keine „Wende" zugetraut wurde.

Was „im Großen" für das Verhältnis zwischen Österreich und seine süddeutschen „mittelmächtigen" Verbündeten galt, war auch die Grundlage für deren Verhalten untereinander „im Kleinen": weder Württemberg noch Bayern wollten sich für die sicherheitspolitischen Ziele des „Partners" opfern, wenn es um die Substanz staatlicher Souveränität ging. In diesen zuvor nicht absehbaren Extremsituationen war sich jeder Akteur selbst der Nächste.

So ist der Feldzug von 1866 ein weiteres Beispiel dafür, dass die Verbindung von einer klaren Einsatzdoktrin mit klarer politischer Zielsetzung, eine zeitadäquate Ausrüstung mit entsprechender Ausbildung und eine kohärente Führung wichtiger für den Erfolg sind als die bloße Überlegenheit an Truppen und Material. Der Feldzug wie auch das Gefecht bei Tauberbischofsheim erscheinen daher – insbesondere aus württembergischer Perspektive – wie ein Kulminationspunkt aller Versäumnisse des Wehrwesens des Deutschen Bundes.

Als „zeitloses" Ergebnis bleibt daher festzuhalten: Politische, strategische und strukturelle Defizite des auf Friedenspräsenz ausgerichteten württembergischen Militärwesens entschuldigen nicht die zwischen Versagen, Unvermögen, Hilfs- und Ratlosigkeit sowie falsch verstandener militärischer Ehre angesiedelten desolaten Führungsleistungen im Gefecht. Die Geschichte der württembergischen Armee und ihr Verhalten im Feldzug von 1866 resp. im Gefecht bei Tauberbischofsheim verdeutlichen – am historischen Beispiel – die Folgen (1.) einer fehlerhaften Einschätzung der politischen Lage, (2.) einer unzureichenden militärischen Modernisierung sowie (3.) falscher Führungsentscheidungen im Verlauf eines Feldzuges resp. einem Gefecht. „Tauberbischofsheim" steht daher als Chiffre für Württembergs – als Folge aus der fast einem halben Jahrhundert umfassenden defizitären Organisation seines Wehrwesens resultierende – zu erwartende und dann auch tatsächlich eingetroffene „Kulminationskatastrophe".

Neben dieser historiographisch dominanten Bewertung ist es aber auch legitim, einen zentralen Punkt hervorzuheben: Bei der Betrachtung des mit erheblichen Friktionen behafteten Operationsverlaufes der beiden süddeutschen Korps ergibt sich die Möglichkeit der Rehabilitierung des württembergischen Verhaltens. Während die Badener in ihrer Passivität kaum zu übertreffen waren sowie das VII. (bayerische) Korps zur Verhinderung weiterer Verluste gewissermaßen „auf Zeit spielte" und nach seinen Anfangsniederlagen eine Vereinigung mit dem VIII. Bundeskorps nicht durch aktive Maßnahmen herbeiführte, sondern passiv auf das VIII. Korps, selbst bei dessen Bedrängung durch die Mainarmee, wartete, sind am Ende alleine die Führung des VIII. Korps – mit dem württembergischen Generalstabschef von Baur-Breitenfeld – und die 1. (württembergische) Division den Bündnis- und Kampfverpflichtungen in der ursprünglich intendierten Form nachgekommen.

So waren die Württemberger wohl die einzigen Akteure in diesem Koalitionsfeldzug, die sich auf das Zusammenwirkungen der einzelnen (Groß-)Verbände verließen – beim operativen Verlauf im Hinblick auf das VII. (bayerische) Korps genauso wie im Gefecht im Hinblick auf die 2. (badische) Division. Damit wurden sie dem gerecht, was sie in den Worten ihres Königs auszeichnete: sie hielten „fest am echten Kriegergeiste" und waren „furchtlos und treu"; ganz im Gegensatz zu seiner Eingangsadresse an seine Soldaten zu Beginn seiner Herrschaft zog es aber deren ganz und gar unmilitärische Monarch vor, sich nicht an ihrer „Seite Mich als Soldat zu bewähren".

Anhang

Totengedenken – Versuch einer orts- und heimatgeschichtlichen Annäherung

Das ehrende Andenken an für „Heimat" oder „Vaterland" in deren unterschiedlichen Variationen gegen den „äußeren" Feind gefallenen Soldaten ist seit Urzeiten ein zentraler Bestandteil militärischer Kulturgeschichte. Die Liste der Denkmäler für Monarchen, Feldherren und – in der Regel – gewonnene Schlachten ist daher auch „Legion". Zu den „Sonderfällen" militärischer Erinnerungskultur im 19. Jahrhundert gehörten Denkmäler von verlorenen Schlachten, überdies gegen einen „inneren" Gegner. Für beides steht das aus rotem Sandstein erbaute Denkmal, das der württembergische König Karl gestiftet hat.

Auf dem zylindrischen Grundkörper des Denkmals befindet sich eine gewölbte Kuppe, auf ihr ein Sockel mit einem Quader, der die Basis für einen kapitellartigen Aufbau mit einem Kreuz an der Spitze einer kleinen Säule bildet. Dem Betrachter zugewandt zeigt seine Front das mit Ornamenten verzierte württembergische Wappen. Unterhalb des Wappens, auf den vier Seiten des Quaders, befindet sich die viergeteilte Denkmalsinschrift:

DEN TAPFEREN WUERTTEMBERGISCHEN KRIEGERN.
WELCHE AM 24ten JULI 1866 DEN HELDETOD FANDEN.
EHRE IHREM ANDENKEN.
KARL I. KOENIG VON WUERTTEMBERG.

Die eingravierten Dienstgrade, Namen der Regimenter und Offiziere sowie der Heimatort der gefallenen 12 württembergischen Offiziere befinden sich auf drei Tafeln des Denkmals. In den Zwischenräumen und auf der Rückseite des Denkmals sind hierarchisch und alphabetisch unter den Regimentern und den beiden Jägerbataillonen die

Dienstgrade, Namen, Heimatort und die Oberämter, aus denen sie stammten, aufgelistet.[303]

Alleine das 5. Württembergische Infanterieregiment „König Karl" hatte 36 Gefallenen in Tauberbischofsheim zu beklagen. Nimmt man noch die 18 Vermissten „seines Regiments" hinzu, die – als tot angenommen – wohl in den Gräbern in und um Tauberbischofsheim (so zum Beispiel auf dem Friedhof in Großrindersfeld) ihre letzte Ruhestätte gefunden haben, so hatte der König, dem seine Truppen noch zwei Tage zuvor bei seinem Besuch im Lager seiner Soldaten zujubelten, allen Grund für die Errichtung eines Denkmals, um jene zu würdigen, die für ihn fielen.

Die Enthüllung resp. „Einweihung" des Denkmals erfolgte am ersten Jahrestag des Gefechts von Tauberbischofsheim im Jahre 1867 – ohne Anwesenheit des Monarchen. Als Abordnung standen neben den unzähligen regionalen und örtlichen Amtsträgern und Honoratioren sowie der Bevölkerung auch 13 Offiziere, 2 Geistliche, 8 Musiker, 13 Unteroffiziere und 11 Mannschaften in württembergischen Uniformen; von der badischen Armee vertreten waren 4 Offiziere, 14 Unteroffiziere, 36 Spielleute, 104 Gefreite und Soldaten sowie eine Artillerie-Abteilung.[304]

Das Zeremoniell wurde von Generalleutnant Karl August Freiherr von Rüpplin (1797-1867), erster Adjutant des Königs, geleitet. In seiner Ansprache ging er weder auf die politischen Hintergründe des Krieges noch auf die Führung der württembergischen Truppen ein, wohl aber – generalisierend und abstrakt – auf Tapferkeit, Gehorsam, Treue, Leid, Opfer und Vorbildlichkeit der württembergischen Soldaten, nicht ohne zu Beginn seiner Ausführungen „unsere braven badischen Waffengenossen" zu begrüßen.[305]

---

[303] Vgl. die Tafeln bei Klaus Müller, 1866: Bismarcks deutscher Bruderkrieg. Königgrätz und die Schlachten auf deutschem Boden, Graz 2007, S. 244-246.

[304] Vgl. die Angaben bei Meinhold Lurz, Kriegerdenkmäler in Deutschland, Bd. 2: Einigungskriege, Heidelberg 1985, S. 113.

[305] Vgl. hierzu den Abdruck seiner Rede in: Die Gefechte bei Hundheim, Werbach und Tauberbischofsheim am 23. und 24. Juli 1866. Als Anhang die Feier zur Enthüllung des Monuments der dahier gefallenen heldenmüthigen Württemberger, 2. vermehrte Auflage, Tauberbischofsheim 1868, S. 36-40, hier S. 37.

Wie dem auch sei – beim militärischen Totengedenken gingen und gehen allgemein menschliche, kameradschaftliche und politische Zielsetzungen Hand in Hand. Während die politisch-offiziöse Zielsetzung zwischen (Selbst-) Rechtfertigung und militärischer Erziehung zur zukünftigen Tapferkeit nachfolgender Soldatengenerationen angesiedelt ist, erfolgt(e) das private Erinnern auf anderen und mehreren Ebenen.

Die ersten Zusammenschlüsse von Soldaten dienten zunächst weniger der Erinnerung an Feldzüge und Schlachten als vielmehr der Erhöhung der „Stoßkraft" bei der Einforderung von Ansprüchen nach den (anti-) napoleonischen Kriegen – auch in Württemberg. Sie hatten daher sehr viel eher den Charakter von soldatischen Selbsthilfe- und Fürsorgeorganisationen. Erst im Zuge der „Reichseinigungskriege" erlangten sie einen bedeutenden Aufschwung, zumal aufgrund der langen Friedenszeit zuvor die Veteranen der „Befreiungskriege" verstarben und die Berufsheere mit langdienenden Soldaten im Zuge der Restaurationsära wenig aktive und dann zumeist alte Veteranen hatten, denen es an politsicher „Durchschlagskraft" fehlte. Dies änderte sich durch die „Reichseinigungskriege" und die Übernahme des preußischen Wehrpflichtsystems in den Königsarmeen des Kaiserreiches.

Im Jahre 1870 wurde in Württemberg ein Kriegerbund als Landesverband gegründet.[306] Er war auch Mitglied des am 14. April 1873 in Weißenfels gegründeten Deutschen Kriegerbundes[307] und trat 1900 mit seinen 1608 Vereinen und fast 100.000 Mitgliedern dem Kyffhäuserbund der deutschen Landeskriegerverbände bei. So sehr dieser im Kaiserreich sukzessive eine politisch instrumentalisierte „borussische" Dimension bekam,[308] so wenig wird diese generelle Pauschalisierung

---

[306] Vgl. generell Daniel Kirn, „Krieg ist es nicht, was wir wollen". Veteranen- und Kriegervereine in Württemberg im 19. Jahrhundert, in: Militärgeschichtliche Zeitschrift (MGZ) 66 (2007) 2, S. 281-308.
[307] Vgl. K. Saul, Der „Deutsche Kriegerbund". Zur innenpolitischen Funktion eines „nationalen" Verbandes im kaiserlichen Deutschland, in: Militärgeschichtliche Mitteilungen (MGM) 2/1962, S. 95-130.
[308] Vgl. Thomas Rohkrämer, Der Militarismus der „kleinen Leute": die Kriegervereine im Deutschen Kaiserreich 1871-1914, München 1990 (= Beiträge zur Militärgeschichte, Bd. 29).

vielen lokalen Erinnerungsgemeinschaften in ländlichen Gegenden gerecht. Denn abseits dieser politischen und gesellschaftlichen Bedeutung gilt es eben auch auf die klassische Erinnerungsfunktion hinzuweisen. Wer wollte es Schulkameraden, Familien, Freunden und Mitkämpfern verwehren, wenn sie die gefallenen Soldaten – auch in Form des klassischen „guten Kameraden" – vor dem Vergessen bewahren wollten?[309]

Diese Überlegungen waren auch der Beweggrund für die Gründung eines Kriegervereins in Löwenstein am 1. August 1878. Sie dürfte zudem auch auf einen eher institutionellen Impuls zurückgehen. Am Ostermontag des Vorjahres wurde im wenige Kilometer entfernten Heilbronn der Württembergische Kriegerverein gegründet, dessen Publikationsorgan – die „Württembergische Kriegerzeitung" – in seiner ersten Ausgabe die Statuten des neuen Vereins abdruckte, an denen sich neu entstehende Vereine orientieren konnten.[310]

Der Kriegerverein in Löwenstein entschied sich für drei Vereinszwecke: „1. Aufrechterhaltung der kameradschaftlichen Beziehungen, 2. Pflege der Vaterlandsliebe und der Treue gegen König und Kaiser sowie 3. Unterstützung Kranker und ehrenvolle Leichenbegleitung gestorbener Kameraden."[311] Der Verein wurde unter Vorsitz von August Ludwig Schwenzer (1847-1934) ins Leben gerufen, einem Bruder des württembergischen Hofmedailleurs Karl Schwenzer (1843-1904), der seit 1875/76 in der Stuttgarter Münzstätte viele der „offiziellen" Münzen und Medaillen des Königreiches anfertigte. Eine Gedenkmünze zu Tauberbischofsheim ist nicht darunter, wohl aber

---

[309] Dabei ist die Form – Kirn, Krieg ist es nicht, S. 292 spricht etwas pejorativ von „Wirtshausgesellschaften" – einerlei.
[310] Vgl. Kirn, Krieg ist es nicht, S. 295. Für die preußische Variante vgl. Hans-Martin Ottmer, Ursachen und Hintergründe zur Entwicklung deutscher militärischer Tradition vom Ende des 18. Jahrhunderts bis 1914, in: MGFA (Hg.), Tradition in deutschen Streitkräften bis 1945 (= Entwicklung deutscher militärischer Tradition, Bd. 1), Herford, Bonn 1986, S. 67-208, hier S. 194.
[311] Karl Rommel, Grundzüge einer Chronik der Stadt Löwenstein. Löwenstein und seinen Freunden gewidmet, Weinsberg 1893 (1. Reprintauflage Magstadt 1980; Redaktion: Karl-Heinz Dähn und Ernst Birk, Nachwort und Bildauswahl), S. 213.

eine Medaille für den Württembergischen Kriegerbund zur 25jährigen Wiederkehr des Sieges bei Sedan am 1. September 1870.[312]
Einige der Gründungsmitglieder waren 1866 und 1870 im Feld. Während des Feldzuges von 1870 war von den eingezogenen 18 Angehörigen der Gemeinde Löwenstein „keiner im Felde geblieben; aber mehrere hatten an ihrer Gesundheit unheilbaren Schaden genommen."[313] Im „deutschen Bruderkrieg" von 1866 war dies noch anders. Auch damals „waren mehrere Söhne der Stadt im Felde gestanden und hatten bei Tauberbischofsheim mitgekämpft"[314] – und einer „blieb im Felde": der Jäger Emil A. Hirt als Angehöriger des 1. Kgl. Württembergischen Jägerbataillons, „der gleich zu Anfang des Gefechts an der Tauberbrücke von zwei Kugeln tödlich getroffen wurde".[315]
Diese Aussage in der Stadtchronik ist indes als nicht ganz gesichert zu werten. Zwar war das 1. Jägerbataillon bereits zu Beginn des Gefechts

---

[312] Vgl. Ulrich Klein, Der Königlich württembergische Hofmedailleur Karl Schwenzer (1843-1904), in: 700 Jahre Stadt Löwenstein, herausgegeben von Karl-Heinz Dähn, Löwenstein 1987, S. 509-533 incl. Literatur und Auflistung seiner Arbeiten; zur Sedan-Medaille vgl. deren Abbildung ebenda, S. 533.

[313] Rommel, Chronik Löwenstein, S. 212, Namen der 18 Soldaten auf S. 208.

[314] Rommel, Chronik Löwenstein, S. 207. Anzahl und Namen sind nicht mehr zu ermitteln. Bei einer Gesamtbevölkerungszahl von 1833 im Jahre 1861 dürfte sie vergleichbar gewesen sein jener der umliegenden Dörfer wie zum Beispiel Willsbach mit 14 Soldaten oder Eschenau mit 12 Soldaten; vgl. Ulrich Meier, Vom 19. ins 20. Jahrhundert – Willsbach und seine Nachbardörfer, in: Obersulm. Sechs Dörfer – eine Gemeinde, herausgegeben von der Gemeinde Obersulm, Obersulm 1997, S. 273-323, hier S. 310. Aufgrund statistischer Annahme können einige von ihnen auch bei den Verwundeten des Gefechtes gewesen sein – gefallen indes ist nur einer von ihnen. Aus der unmittelbaren Umgebung Löwensteins sind bei Tauberbischofsheim gefallen: Beim 3. InfRgt der Soldat Johann Daniel Ludwig Frech aus Eschenau, Oberamt (OA) Weinsberg; beim 5. InfRgt „König Karl" der Feldwebel Ch. Badtmann aus Weiler, OA Weinsberg (er liegt begraben auf dem Friedhof von Großrinderfeld zusammen mit 15 weiteren Kameraden unter dem mittleren Grabstein (eingemeiselt: Ruhestätte / Württemb. Krieger / 1866); beim 8. InfRgt der Soldat A. K. Riekert aus Neuhütten, OA Weinsberg. Vermisst und als tot angenommen wurde beim 8. InfRgt der Soldat Ch. M. Schwarz aus Vorhof, OA Weinsberg.

[315] Rommel, Chronik Löwenstein, S. 206.

bei Tauberbischofsheim am westlichen Rand der Stadt eingesetzt;[316] es wurde aber sehr schnell hinter die Tauber zurückbeordert. Das 1. Kgl. Jägerbataillon wurde dann erst wieder später an der Lorenzi-Kapelle auf dem rechten Ufer der Tauber im Zuge des letzten Angriffs – vorgetragen von der 3. Brigade – „bald nach 4 Uhr" ins Gefecht geschickt.[317] Diese Brigade – zu ihr gehörte das 1. Jägerbataillon – hatte sehr hohe Verluste; und da das Jägerbataillon im Gefecht lediglich fünf gefallene Soldaten zu beklagen hatte,[318] ist die Wahrscheinlichkeit sehr hoch, dass Hirt erst bei diesen letzten Angriffen zu Tode kam.

Wann und wie der in Löwenstein geborene Emil A. Hirt als Soldat zum Jägerbataillon kam, ist ungewiss.[319] Dieser Sachverhalt erfordert eine plausible Annäherung, die im Folgenden anhand der Ortsgeschichte seiner Heimatstadt unternommen wird. Hierbei gilt es verschiedene – politische und gesellschaftliche, wirtschaftliche und soziale sowie auch individuelle – Optionen auf ihren Wahrscheinlichkeitsgrad zu analysieren. Zudem gilt es zu bedenken, dass die Aufstellung der ersten beiden württembergischen Jägerbataillone im Jahr 1859 nicht bedeuten muss, dass Hirt erst ab diesem Jahr Soldat wurde. Sehr wohl kann es sein, dass er bereits zuvor zu den regulären Infanterie-Regimentern stieß, aus denen der Aufwuchs der Jägerbataillone erfolgte. Schließlich sollten auch nur besonders befähigte Soldaten in diesen „Elite"-Verbänden ihren Dienst verrichten.

---

[316] Vgl. Fidel von Baur-Breitenfeld, Die Operationen des achten deutschen Bundes-Corps im Feldzuge des Jahres 1866. Nach authentischen Quellen dargestellt. Mit 10 Beilagen, Darmstadt und Leipzig 1868, S. 85.

[317] Vgl. Albert Pfister, Denkwürdigkeiten aus der württembergischen Kriegsgeschichte des 18. und 19. Jahrhunderts im Anschluß an die Geschichte des 8. Infanterieregiments, Stuttgart 1868, S. 515.

[318] Vgl. Pfister, Denkwürdigkeiten, 520.

[319] Durch die Zerstörung Löwensteins am 14. April 1945 sind sämtliche Akten der Stadtverwaltung wie auch die Kirchenbücher Opfer der Flammen geworden, die auf indirektem Wege über Hirt hätten Auskunft geben können. Daher ist auch sein Geburtsdatum unbekannt.

Option 1:

Im Jahre 1853 beschloss der Deutsche Bund eine Erhöhung der Mannschaftsstärken der Kontingente. Für Württemberg bedeutete dies die Herausforderung zu den jährlichen 3800 neu auszuhebenden Truppen 200 zusätzliche Soldaten zu werben. Parallel dazu wurde eine Anhebung des Soldes verfügt, um den gestiegenen Lebensmittelpreisen gerecht zu werden.[320] Wahrscheinlich indes ist diese Option nicht, da gerade in den Jahren 1853 und 1854 umfangreiche Straßenbauten in und um Löwenstein stattgefunden haben und daher sehr viele Beschäftigungslose eine Arbeit gefunden haben.[321] Derartige Infrastrukturmaßnahmen hatten sicherlich auch für die Regierung Vorrang, so dass eine stärkere Werbung für den Militärdienst gerade in Löwenstein nicht stattgefunden haben dürfte.

Option 2:

Im Jahr 1855 begann nach dem Gesetz von 1849 die Zehntablösung auch in Löwenstein,[322] d.h. es ist durchaus denkbar, dass der Vater von Hirt zwar ein Stück Land erwerben konnte, aufgrund des daraus folgenden geringeren „Vermögens" seinem Sohn weder eine Schul- oder Ausbildung finanzieren konnte noch ein Erbe in Aussicht stand; schließlich war die zu entrichtende Summe an die fürstliche Herrschaft festgelegt auf das Sechzehnfache eines Jahresertrages. Wollte Hirt nicht, wie zahlreiche Menschen der Gegend, auswandern,[323] stand ihm als einzige reale Alternative die „Flucht" ins Militär offen. Möglicherweise verdingte er sich als „Einsteher", d.h. er erhielt von einem etwas vermögenderen Löwensteiner Geld und übernahm für diesen den damals äußerst ungeliebten Wehrdienst.

---

[320] Vgl. Pfister, Denkwürdigkeiten, S. 496f.
[321] Vgl. Rommel, Chronik Löwenstein, S. 202 und Beschreibung des Oberamts Weinsberg, herausgegeben vom Königlichen statistisch-topographischen Bureau, Stuttgart 1861 (Neuausgabe 1980: Unveränderter photomechanischer Nachdruck mit Genehmigung des Statistischen Landesamtes Baden-Württemberg und der freundlichen Unterstützung des Landratsamtes, Magstadt 1980), S. 262.
[322] Vgl. Rommel, Chronik Löwenstein, S. 203.
[323] Vgl. Ulrich Maier, Löwenstein im Königreich Württemberg, in: 700 Jahre Stadt Löwenstein, S. 219-243, hier S. 229f.

Option 3:
Für die Aufnahme seines Waffendienstes – als ein möglicher individueller Faktor – können auch die Jahre 1857/58 in Betracht gezogen werden. Im Jahr 1857 stiftete der französische Kaiser Napoleon III. die „Sankt-Helena-Medaille", die an die noch lebenden Veteranen der Kriege von 1792 bis 1815 verliehen wurde – insbesondere sollten dabei jene Soldaten ausgezeichnet werden, die unter seinem Onkel Napoleon I. dessen Feldzüge mitgemacht hatten. In Löwenstein betraf dies den am 17. September 1782 in Billensbach geborenen Hans „Jean" Knapp, der am 26. November 1805 in das 2. Bataillon des 7. Leichten Infanterieregiments der französischen Armee eingetreten war, die Feldzüge gegen die Preußen 1806, gegen die Österreicher 1809 sowie gegen Russland 1812 mitgemacht hatte und nach dem Ende der napoleonischen Kriege als Invalider in Löwenstein lebte.[324]
Seine Medaille erhielt er 1858 aus den Händen des französischen Gesandten in Stuttgart.[325] Es ist überaus wahrscheinlich, dass Emil Hirt (1.) den Ausgezeichneten persönlich kannte, zumal das Bergstädtchen damals nur knapp mehr als 1000 Einwohner zählte,[326] und er (2.) diesem sicherlich bei dessen Erzählungen lauschte. Insbesondere dessen Fahrt nach Stuttgart und die damit verbundene Würdigung musste auf die Löwensteiner Eindruck gemacht haben. Von ihm konnte er auch erfahren haben, dass im Jahre 1840 (3. Oktober) von den damals noch lebenden 24 Veteranen aus Löwenstein 20 die von König Wilhelm gestiftete Kriegsdenkmünze für ihre Teilnahme an den Feldzügen von 1800, 1805, 1806, 1807, 1809, 1812, 1813-1814 und 1815 erhalten hatten.[327] Wenn noch Jahrzehnte nach dem Militärdienst derartige Auszeichnungen vergeben wurden, so konnte dies durchaus auch ein Anreiz für Emil Hirt gewesen sein, auf freiwilliger Basis den württembergischen Streitkräften beizutreten.

---

[324] Vgl. Eberhard Birk, Im Schatten der Burg zu Löwenstein. Historisch wahre Fiktionen, Weinstadt 2014, S. 124.
[325] Vgl. Rommel, Chronik Löwenstein, S. 203.
[326] Vgl. Beschreibung des Oberamts Weinsberg, S. 261.
[327] Vgl. Rommel, Chronik Löwenstein, S. 192.

Option 4:
Denkbar ist aber auch eine Portion Abenteuerlust, um der Enge des Landlebens zu entkommen. Eine Freiwilligenmeldung war z.B. 1859 möglich, als die württembergischen Truppen im Frühsommer anlässlich des Sardinenkrieges zwischen Frankreich und Österreich mobilmachten. Das württembergische Kontingent versammelte sich zwischen Heilbronn und Schwäbisch Hall. Teile des 8. Infanterieregiments und des 4. Reiterregiments bezogen damals Quartier im Raum um Löwenstein.[328] Hirt konnte also durchaus bei zu erbringenden Diensten (Verpflegung etc.) in das 8. Infanterieregiment und von dort dann im Zuge der Aufstellung von Jägerbataillonen in „sein" 1. Kgl. Jägerbataillon gelangt sein. Die geforderte körperliche Robust- und Gewandtheit sowie hinreichende Intelligenz dürfte er erfüllt haben,[329] wurde doch die Bevölkerung Löwensteins in der „Beschreibung des Oberamts Weinsberg" aus dem Jahre 1861 lobend erwähnt und als „im Allgemeinen gesund und kräftig, auch geistig aufgeweckter und begabter" beschrieben.[330] Aufgrund dieser Voraussetzung ist es auch denkbar, dass er einer jener Kandidaten war, die seit 1861 – auf der Basis einer Vereinbarung zwischen Regierung und Landständen – „Opfer" der neuen jährlichen Aushebungsquote von 4600 Rekruten wurden.[331]

Option 5:
In Erwägung zu ziehen ist auch, dass er 1863 anlässlich des 50. Jahrestages der „Völkerschlacht" bei Leipzig bei einem Freudenfeuer[332] auf dem „Geißhölzle" oberhalb von Löwenstein aufkommenden „patriotisch-württembergischen" Gefühlen nachgab und seinen Weg ins Jägerbataillon fand. Schließlich galt zur damaligen Zeit der Seitenwechsel der württembergischen Brigade unter dem Kommando des

---

[328] Vgl. Rommel, Chronik Löwenstein, S. 203.
[329] Diese Eigenschaften galten als Voraussetzung für die Aufnahme bei den Jägern, vgl. Sauer, Württembergisches Heer, S. 171.
[330] Vgl. Beschreibung des Oberamts Weinsberg, S. 265.
[331] Vgl. Pfister, Denkwürdigkeiten, S. 499.
[332] Vgl. Rommel, Chronik Löwenstein, S. 205.

Generalmajors Karl Graf von Normann-Ehrenfels, der auch das „Jäger-Regiment zu Pferd Nr 4 König" angehörte, am 18. Oktober 1813 als ein wesentlicher Grund für die Niederlage Napoleons bei Leipzig.³³³

Auf Grundlage der fünf kurz skizzierten Optionen – verbunden mit lokal- und regionalhistorischen Aspekten – kann zwar keine Aussage getätigt werden, wann und weshalb Emil Hirt Soldat im 1. Kgl. Württembergischen Jägerbataillon wurde. Gleichwohl ist ein derartiger Ansatz – in Ermangelung belastbarer Quellen – die einzige Chance des (Militär-) Historikers, wenn er versucht, das Individuelle im Sinne einer „Militärgeschichte von unten" mit den größeren strukturellen Bedingtheiten und Handlungen in ein stimmiges Ganzes zu bringen. Die Erinnerung an beide – den Soldaten Emil Hirt und das Gefecht bei Tauberbischofsheim – steht stellvertretend für eine Geschichtskultur, die es, neben den großen Deutungslinien der deutschen (Militär-) Geschichte, verdient „am Leben" erhalten zu werden.

---

³³³ Vgl. generell R. Starkloff, Geschichte des Königlich Württembergischen vierten Reiterregiments Königin Olga 1805-1866. Mit besonderer Berücksichtigung der Brigade Normann im Feldzuge von 1813, Stuttgart 1867.

Gliederungen, Skizzen und Fotos

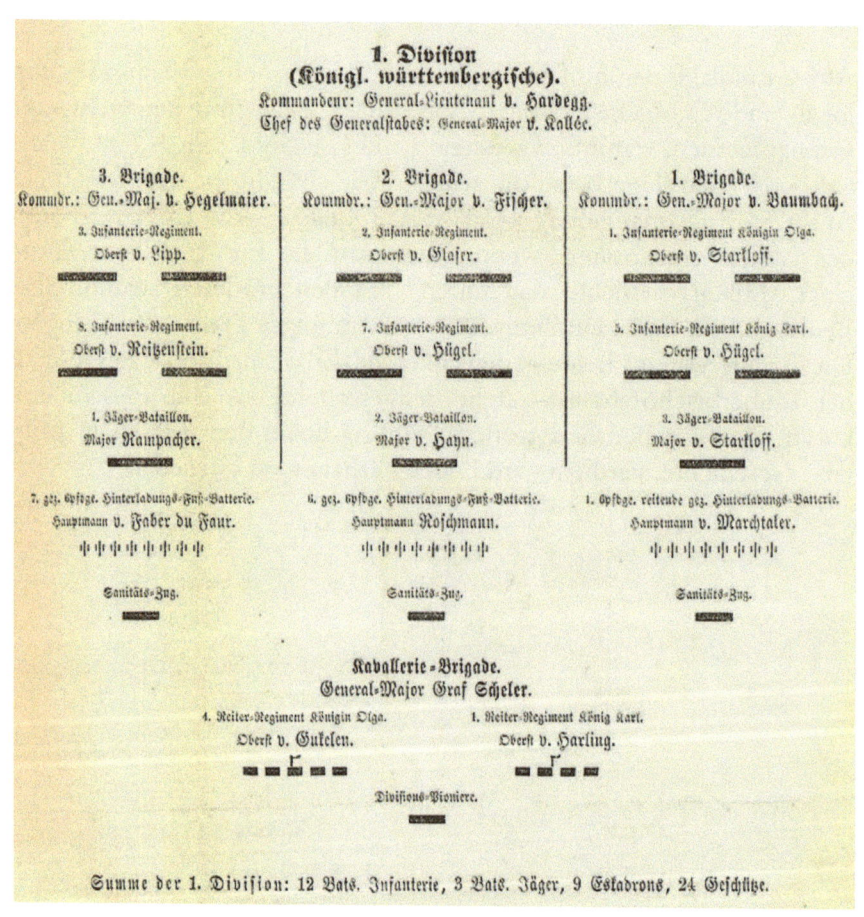

Kriegsgeschichtliche Abteilung
des Großen Generalstabs (Hg.),
Der Feldzug von 1866 in Deutschland,
Berlin 1867

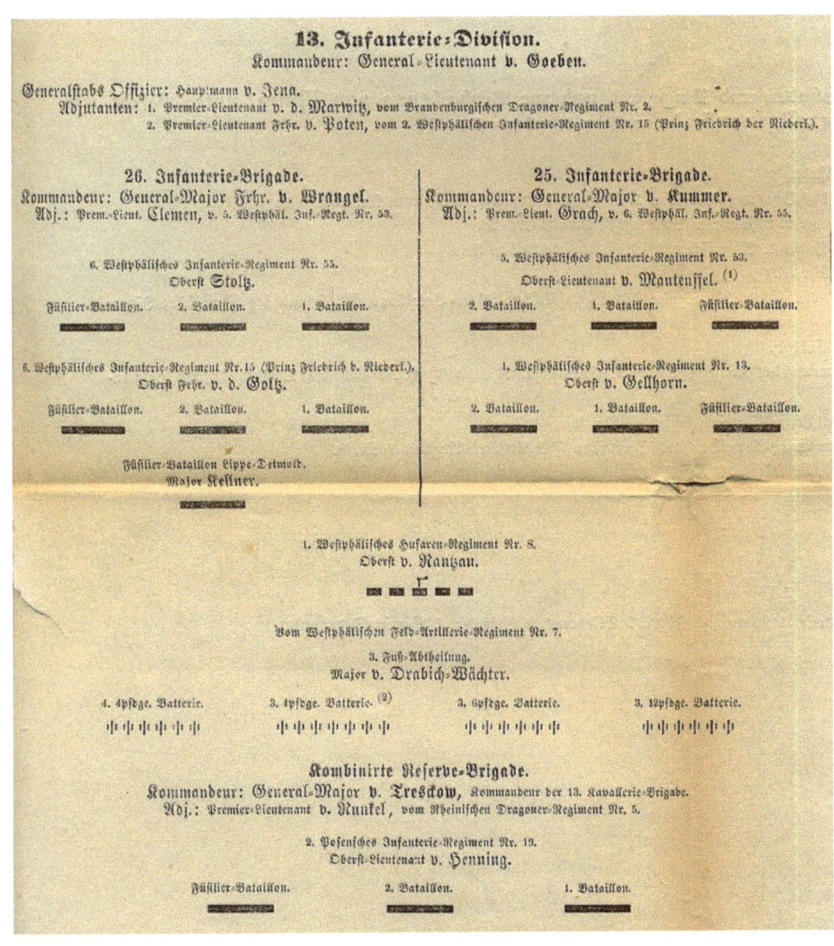

Kriegsgeschichtliche Abteilung
des Großen Generalstabs (Hg.),
Der Feldzug von 1866 in Deutschland,
Berlin 1867

Ansatz der Kräfte

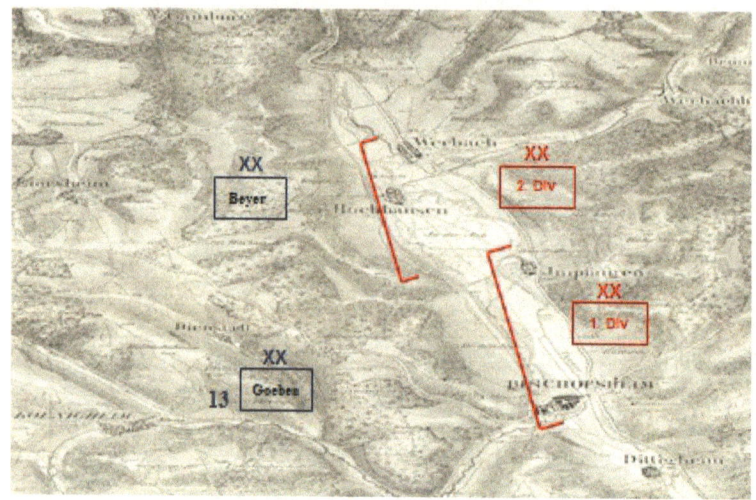

24. Juli 1866

Ansatz der Kräfte

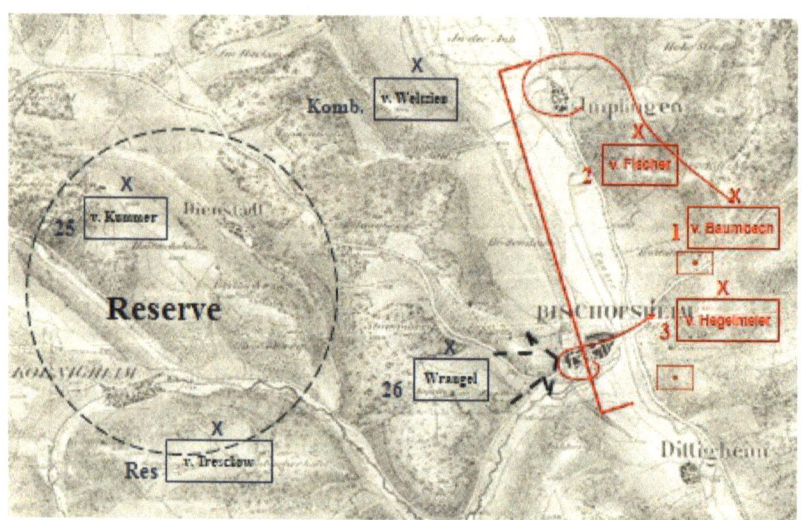

13. preuß. Div. Goeben   (1.) Div. v. Hardegg

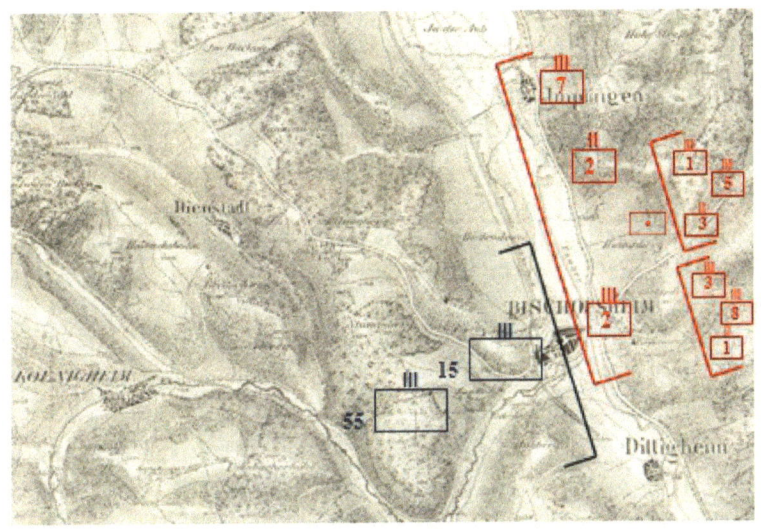

26. pr. Brig. v. Wrangel   (1.) Div. v. Hardegg

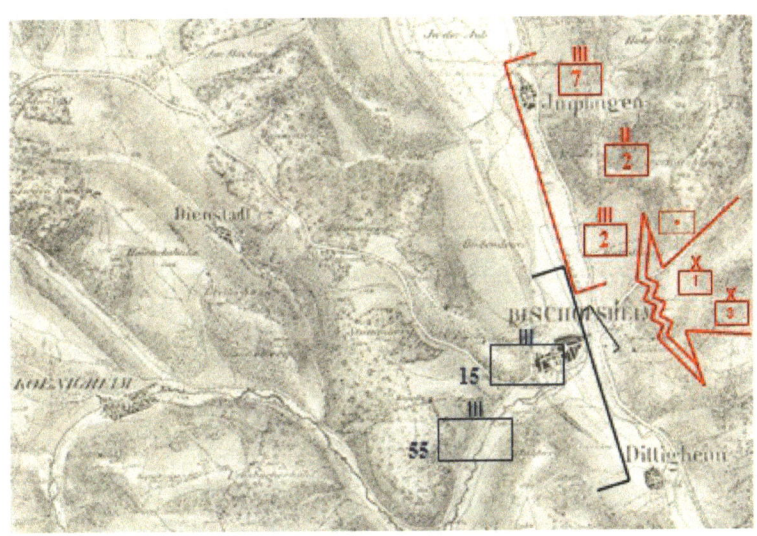

Württembergische Gegenangriffe

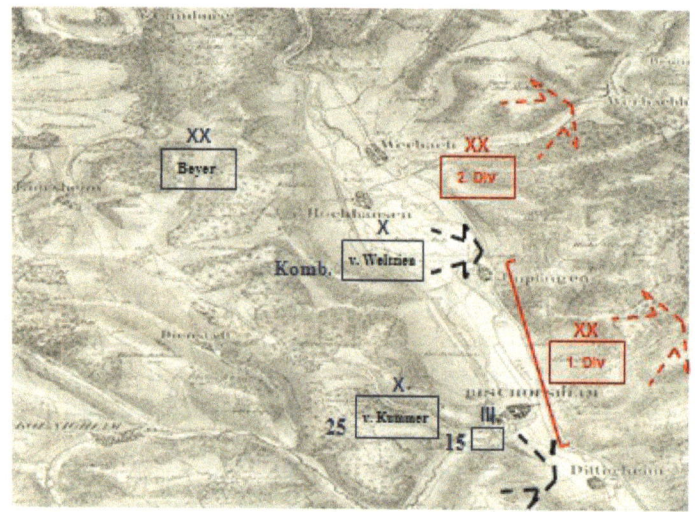

Rückzug der Kräfte des VIII. Korps

Anmerkung des Autors:

Die taktischen Skizzen wurden erstellt auf Grundlage der zeitgenössischen topographischen Karte von TBB und Umgebung aus: Alfred Cramer, Geschichte des Infanterie-Regiments Prinz Friedrich der Niederlande (2. Westfälisches) Nr. 15, Berlin 1910.

„Württemberger-Denkmal" in Tauberbischofsheim

Die Gefallenen des 1. und 3. Jägerbataillons

Autor

Dr. Eberhard Birk, Oberregierungsrat und Oberstleutnant der Reserve, wurde 1967 in Heilbronn geboren und legte 1987 das Abitur am Justinus-Kerner-Gymnasium in Weinsberg ab. Nach sechsjähriger Militärdienstzeit in der Bundeswehr studierte er als Stipendiat der Begabtenförderung der Konrad-Adenauer-Stiftung (KAS) von 1993 bis 1996 Geschichte und Politikwissenschaft in Augsburg (Abschlussnote: sehr gut).

Als Graduiertenstipendiat der KAS erstellte er von 1997 bis 1999 seine Doktorarbeit zum Thema „Der Funktionswandel der Westeuropäischen Union (WEU) im europäischen Integrationsprozeß" (magna cum laude) und war parallel dazu von 1998 bis 2000 Lehrbeauftragter an der Universität Augsburg.

Seit 2000 ist Dr. Birk als Beamter des Höheren Dienstes Dozent für Militärgeschichte und Politische Bildung an der Offizierschule der Luftwaffe (OSLw) in Fürstenfeldbruck; Gastdozententätigkeit an der Theresianischen Militärakademie in Wiener Neustadt (Österreich) und der Polytechnischen Universität Bukarest (Rumänien). Von 2004 bis 2012 gab er an der OSLw die Schriftenreihe „*Gneisenau Blätter*" heraus. Seit 2011 ist er Mitherausgeber der „*Schriften zur Geschichte der Deutschen Luftwaffe*".

Zu den Forschungsinteressen des Verfassers zahlreicher Bücher, Aufsätze und Artikel zählen die deutsche Militärgeschichte im europäischen Kontext, Fragen der militärischen Tradition sowie historische und aktuelle Probleme der Strategiebildung und Sicherheitspolitik. Das Publikationsverzeichnis (siehe nächste Seite) ist auch einsehbar auf der Internetseite des Zentrums für Militärgeschichte und Sozialwissenschaft der Bundeswehr (ZMSBw).

Publikationen (Bücher)

Herausgeberschaften

Eberhard Birk / Thorsten Loch / Peter Popp (Hg.), Wie Napoleon nach Waterloo kam. Eine kleine Geschichte der Befreiungskriege 1813-1815, Freiburg 2015

Eberhard Birk / Heiner Möllers (Hg.), Luftwaffe und Luftkrieg (= Schriften zur Geschichte der Deutschen Luftwaffe, Band 3), Berlin 2015

Eberhard Birk / Thorsten Loch / Peter Andreas Popp (Hg.), Wie Friedrich „der Große" wurde. Eine kleine Geschichte des Siebenjährigen Krieges 1756 bis 1763, Freiburg 2012

Eberhard Birk / Heiner Möllers / Wolfgang Schmidt (Hg.), Die Luftwaffe zwischen Politik und Technik (= Schriften zur Geschichte der Deutschen Luftwaffe, Band 2), Berlin 2012

Eberhard Birk / Winfried Heinemann / Sven Lange (Hg.), Tradition für die Bundeswehr. Neue Aspekte einer alten Debatte, Berlin 2012

Eberhard Birk / Heiner Möllers / Wolfgang Schmidt (Hg.), Die Luftwaffe in der Moderne (= Schriften zur Geschichte der Deutschen Luftwaffe, Band 1), Essen 2011

Monographien

Im Schatten der Burg zu Löwenstein. Historisch wahre Fiktionen, Weinstadt 2014

Militärische Tradition. Beiträge aus politikwissenschaftlicher und militärhistorischer Perspektive, Hamburg 2006 (= Studien zur Zeitgeschichte, Band 51)

Militärgeschichtliche Skizzen zur Frühen Neuzeit. Anmerkungen zu einer Phänomenologie der bewaffneten Macht im 17. und 18. Jahrhundert, Hamburg 2005 (= Studien zur Geschichtsforschung der Neuzeit, Band 43)

Der Funktionswandel der Westeuropäischen Union (WEU) im europäischen Integrationsprozeß, Würzburg 1999 (= Spektrum Politikwissenschaft, Band 9)

Carola Hartmann Miles-Verlag

Politik, Gesellschaft, Militär

Uwe Hartmann, *Innere Führung. Erfolge und Defizite der Führungsphilosophie für die Bundeswehr*, Berlin 2007.

Hans Joachim Reeb, *Sicherheitskultur als kommunikative und pädagogische Herausforderung – Der Umgang in Politik, Medien und Gesellschaft*, Berlin 2011.

Hans-Christian Beck, Christian Singer (Hrsg.), *Entscheiden – Führen – Verantworten. Soldatsein im 21. Jahrhundert*, Berlin 2011.

Reiner Pommerin (ed.), *Clausewitz goes global. Carl von Clausewitz in the 21st Century*, Berlin 2011.

Eberhard Birk, Heiner Möllers, Wolfgang Schmidt (Hrsg.), *Die Luftwaffe zwischen Politik und Technik. Schriften zur Geschichte der Deutschen Luftwaffe, Bd. 2*, Berlin 2012.

Eberhard Birk, Winfried Heinemann, Sven Lange (Hrsg.), *Tradition für die Bundeswehr. Neue Aspekte einer alten Debatte*, Berlin 2012.

Holger Müller, *Clausewitz' Verständnis von Strategie im Spiegel der Spieltheorie*, Berlin 2012.

Angelika Dörfler-Dierken, *Führung in der Bundeswehr*, Berlin 2013.

Cornelia Fedtke, Kai-Uwe Hellmann, Jan Hörmann, *Migration und Militär. Zur Integration deutscher Soldaten mit Migrationshintergrund in der Bundeswehr*, Berlin 2013.

Torsten Konopka, *Afrikanische Wehrsysteme und ihre Entwicklung zwischen 1990/91 und 2011*, Berlin 2014.

Wolf Graf von Baudissin, *Grundwert Frieden in Politik – Strategie – Führung von Streitkräften*, hrsg. von Claus von Rosen, Berlin 2014.

Wolf Graf von Baudissin, *Der Widerstand. „... um nie wieder in die ausweglose Lage zu geraten... "*, hrsg. von Claus von Rosen, Berlin 2014.

Marcel Bohnert, Lukas J. Reitstetter (Hrsg.), *Armee im Aufbruch. Zur Gedankenwelt junger Offiziere in den Kampftruppen der Bundeswehr*, Berlin 2014.

Arjan Kozica, Kai Prüter, Hannes Wendroth (Hrsg.), *Unternehmen Bundeswehr? Theorie und Praxis (militärischer) Führung*, Berlin 2014.

Angelika Dörfler-Dierken, Robert Kramer, *Innere Führung in Zahlen. Streitkräftebefragung 2013*, Berlin 2014.

Eberhard Birk, Heiner Möllers (Hrsg.), *Luftwaffe und Luftkrieg*, Berlin 2015.
Phil C. Langer, Gerhard Kümmel (Hrsg.), *"Wir sind Bundeswehr." Wie viel Vielfalt benötigen/vertragen die Streitkräfte?*, Berlin 2015.
Dirk Freudenberg, *Counterinsurgency. Aufstandsbekämpfung als Phase zur Überwindung schwacher Staatlichkeit und zur Etablierung des Aufbaus einer stabilen Nachkriegsordnung?*, Berlin 2016.

Jahrbuch Innere Führung

Uwe Hartmann, Claus von Rosen, Christian Walther (Hrsg.), *Jahrbuch Innere Führung 2009. Die Rückkehr des Soldatischen*, Eschede 2009.
Helmut R. Hammerich, Uwe Hartmann, Claus von Rosen (Hrsg.), *Jahrbuch Innere Führung 2010. Die Grenzen des Militärischen*, Berlin 2010.
Uwe Hartmann, Claus von Rosen, Christian Walther (Hrsg.), *Jahrbuch Innere Führung 2011. Ethik als geistige Rüstung für Soldaten*, Berlin 2011.
Uwe Hartmann, Claus von Rosen, Christian Walther (Hrsg.), *Jahrbuch Innere Führung 2012. Der Soldatenberuf zwischen gesellschaftlicher Integration und suis generis-Ansprüchen*, Berlin 2012.
Uwe Hartmann, Claus von Rosen (Hrsg.), *Jahrbuch Innere Führung 2013. Wissenschaften und ihre Relevanz für die Bundeswehr als Armee im Einsatz*, Berlin 2013.
Uwe Hartmann, Claus von Rosen (Hrsg.), *Jahrbuch Innere Führung 2014. Drohnen, Roboter und Cyborgs – Der Soldat im Angesicht neuer Militärtechnologien*, Berlin 2014.
Uwe Hartmann, Claus von Rosen (Hrsg.), *Jahrbuch Innere Führung 2015. Neue Denkwege angesichts der Gleichzeitigkeit unterschiedlicher Krisen, Konflikte und Kriege*, Berlin 2015.

Einsatzerfahrungen

Kay Kuhlen, *Um des lieben Friedens willen. Als Peacekeeper im Kosovo*, Eschede 2009.
Sascha Brinkmann, Joachim Hoppe (Hrsg.), *Generation Einsatz. Fallschirmjäger berichten ihre Erfahrungen aus Afghanistan*, Berlin 2010.

Artur Schwitalla, *Afghanistan, jetzt weiß ich erst… Gedanken aus meiner Zeit als Kommandeur des Provincial Reconstruction Team FEYZABAD*, Berlin 2010.
Uwe Hartmann, *War without Fighting? The Reintegration of Former Combatants in Afghanistan seen through the Lens of Strategic Thought*, Berlin 2014.
Rainer Buske, *KUNDUZ. Ein Erlebnisbericht über einen militärischen Einsatz der Bundeswehr in AFGHANISTAN im Jahre 2008*, Berlin ²2016.

Standpunkte und Orientierungen
Daniel Giese, *Militärische Führung im Internetzeitalter – Die Bedeutung von Strategischer Kommunikation und Social Media für Entscheidungsprozesse, Organisationsstrukturen und Führerausbildung in der Bundeswehr*, Berlin 2014.
Dirk Freudenberg, *Auftragstaktik und Innere Führung. Feststellungen und Anmerkungen zur Frage nach Bedeutung und Verhältnis des inneren Gefüges und der Auftragstaktik unter den Bedingungen des Einsatzes der Deutschen Bundeswehr*, Berlin 2014.
Uwe Hartmann (Hrsg.), *Lernen von Afghanistan. Innovative Mittel und Wege für Auslandseinsätze*, Berlin 2015.
Fouzieh Melanie Alamir, *Vernetzte Sicherheit – Quo Vadis?*, Berlin 2015.
Hartwig von Schubert, *Integrative Militärethik. Ethische Urteilsbildung in der militärischen Führung*, Berlin 2015.
Uwe Hartmann, *Hybrider Krieg als neue Bedrohung von Freiheit und Frieden. Zur Relevanz der Inneren Führung in Politik, Gesellschaft und Streitkräften*, Berlin 2015.
Klaus Beckmann, *Treue.Bürgermut.Ungehorsam. Anstöße zur Führungskultur und zum beruflichen Selbstverständnis in der Bundeswehr*, Berlin 2015.

Militärgeschichte
Peter Heinze, *Bundeswehr „erobert" Deutschlands Osten*, Berlin 2010.
Dieter E. Kilian, *Adenauers vergessener Retter – Major Fritz Schliebusch*, Berlin 2011.
Ingo Pfeiffer, *Gegner wider Willen. Konfrontation von Volksmarine und Bundesmarine auf See*, Berlin 2012.

Dieter E. Kilian, *Kai-Uwe von Hassel und seine Familie. Zwischen Ostsee und Ostafrika. Militär-biographisches Mosaik,* Berlin 2013.
Peter Heinze, *Berliner Militärgeschichten,* Berlin 2013.
Ingo Pfeiffer, *Seestreitkräfte der DDR,* Berlin 2014.
Ulrich C. Kleyser, *Lazare Carnot. "Le Grand Carnot". Ein Charakterbild,* Berlin 2016.

Erinnerungen

Blue Braun, *Erinnerungen an die Marine 1956–1996,* Berlin 2012.
Harald Volkmar Schlieder, *Kommando zurück!,* Berlin 2012.
Reinhart Lunderstädt, *Aus dem Leben eines Hochschullehrers. Persönlicher Bericht,* Berlin 2012.
Wulf Beeck, *Mit Überschall durch den Kalten Krieg. Mein Leben für die Marine,* Berlin 2013.
Jan Becker, *Aufgewühltes Wasser,* 3 Bde., Berlin 2014.
Klaus Grot, *So war's, damals. Dienstchronik eines Pionieroffiziers im Kalten Krieg 1954–1991,* Berlin 2014.
Gustav Lünenborg, *Bürger und Soldat. Innere Führung hautnah 1956–1993, 1993–2015,* Berlin 2015.
Rainer Buske, *Eine Reise ins Innere der Bundeswehr. Wundersame Geschichten aus einer anderen Welt,* Berlin 2016.

Monterey Studies

Uwe Hartmann, *Carl von Clausewitz and the Making of Modern Strategy,* Potsdam 2002.
Zeljko Cepanec, *Croatia and NATO. The Stony Road to Membership,* Potsdam 2002.
Ekkehard Stemmer, *Demography and European Armed Forces,* Berlin 2006.
Sven Lange, *Revolt against the West. A Comparison of the Current War on Terror with the Boxer Rebellion in 1900-01,* Berlin 2007.
Klaus M. Brust, *Culture and the Transformation of the Bundeswehr,* Berlin 2007.
Donald Abenheim, *Soldier and Politics Transformed,* Berlin 2007.
Michael Stolzke, *The Conflict Aftermath. A Chance for Democracy: Norm Diffusion in Post-Conflict Peace Building,* Berlin 2007.

Frank Reimers, *Security Culture in Times of War. How did the Balkan War affect the Security Cultures in Germany and the United States?*, Berlin 2007.
Michael G. Lux, *Innere Führung – A Superior Concept of Leadership?*, Berlin 2009.
Marc A. Walther, *HAMAS between Violence and Pragmatism*, Berlin 2010.
Frank Hagemann, *Strategy Making in the European Union*, Berlin 2010.
Ralf Hammerstein, *Deliberalization in Jordan: the Roles of Islamists and U.S.-EU Assistance in stalled Democratization*, Berlin 2011.
Jochen Wittmann, *Auftragstaktik*, Berlin 2012.
Michael Hanisch, *On German Foreign und Security Policy. Determinants of German Military Engagement in Africa since 2011*, Berlin 2015.
Grégoire Monnet, *The Evolution of Strategic Thought Since September 11, 2001. A Swiss Perspective on Clausewitz, Classical and Contemporary Theories*, Berlin 2016.

Romane

Christoph Karich, *Bewährung im Grünen Meer*, Berlin 2009.
Robert B. Thiele, *Die Treuhänderin*, Berlin 2012 (als Taschenbuch 2013 erschienen mit dem Titel *Der General*).
B. Canth, *Bleckwedel und die Schwester des Mädchens, das unter der Planierraupe starb*, Berlin 2015.

www.miles-verlag.jimdo.com